The Magic beyond Form

Silvia Hagen

© 2022 by Sunny Edition
Sunny Connection AG
Haldenstrasse 3
CH-8124 Maur, Schweiz
www.sunny.ch

Verlag: Sunny Edition
Druck: Books on Demand GmbH, Norderstedt
1. Auflage, Mai 2022
ISBN Print 978-3-9522942-5-3
ISBN eBook 978-3-9522942-6-0

Produktion:	Silvia Hagen
Covergestaltung:	Monika Niedermann, Die Pause GmbH, Frauenfeld
Satz/Layout:	Nicole Reutimann und Daniel Brühlmann, tnt-graphics AG, Dietlikon
Illustrationen:	Monika Niedermann, Die Pause GmbH, Frauenfeld
Lektorat:	Ingrid Wesseln, Marina Hagen

Bibliografische Information der Deutschen Bibliothek:
Die Deutsche Bibliothek verzeichnet diese Publikation in der Deutschen Nationalbibliografie; detaillierte bibliografische Daten sind im Internet über http://dnb.ddb.de abrufbar.

Das vorliegende Buch ist urheberrechtlich geschützt.
Die Verwendung von Text und Abbildungen ist ohne schriftliche Genehmigung des Verlages nicht erlaubt.

Die Informationen in diesem Buch wurden mit grösster Sorgfalt recherchiert und verifiziert. Die Autorin und der Verlag können jedoch nicht für Schäden haftbar gemacht werden, die im Zusammenhang mit der Verwendung dieser Informationen stehen.

The Magic beyond Form

Eine Entdeckungsreise

Silvia Hagen

Inhalt

Vorwort 6
Prelude – oder die Vorahnung 11

Lehr- und Wanderjahre 13

Magic reappears 15
Ode an die Kindheit 15
Mein Hund – Brücke zum Leben 17
Die ewige Aussenseiterin 18
Sprache und Bewusstsein 20
Selbstmordphasen 22
Weckruf vom Bulldozzer 27
Erleuchtung im Kinderzimmer – die erste helle Sonne 29
Erwachsen Werden 31
Abschiedsgeschenk meiner Mutter 31
Das Versprechen 35

Forschungs- und Integrationsjahre 39

Meine Forschungsreise 41
Was kann denn Astrologie? 42
Die Sache mit Jesus 44
Nach der fundamentalistischen Phase 49
Mein Gottesbild 52
Wie ich zum Kind kam 54
Nächtliche Besuche 56
Bewusste Empfängnis 57

Die Hausgeburt ... 58
Vom Kind zum Netzwerk ... 60
Selbständigkeit ... 65
Der Un-Businessplan ... 68
Energiearbeit oder die Kraft des Gebets ... 70
Erste Kursentwicklung ... 72
Und dann das Buch ... 74
Und wozu es führte ... 77
IPv6 ... 78
Schnittstelle zwischen Bewusstsein und Körper ... 80
Was hat Heilen mit Netzwerk zu tun? ... 89
Kann menschliches Bewusstsein Computer beeinflussen? ... 95

Ernte ... 103

At the Edge of the Cliff ... 104
Spiral Dynamics – oder der Sprung über die Klippe ... 106
Abschied von der objektiven Realität ... 112
Das Doppelspaltexperiment ... 115
Wir wissen, dass wir Nichts wissen ... 119
Die Rolle unseres logischen Verstandes ... 123
Der Tod – das letzte Geheimnis lüften ... 126
Closing ... 130

Appendix ... 132
Über die Autorin ... 139

Vorwort

Meine ersten zwei Lebensjahre waren schön und harmonisch. Dann aber wurde ich durch einen tragischen Unfall abrupt aus dem geborgenen Nest geworfen, mit traumatischen Folgen. Ein unbändiger Wille mich von Begrenzungen nicht einschränken zu lassen führte mich dazu, das alles zu packen, nicht in der Opferrolle zu versinken, sondern es zu verarbeiten und frei zu werden. Das hat viele Jahre gedauert und war echte Knochenarbeit.

Heute, in meiner zweiten Lebenshälfte, bin ich zufrieden mit mir und meinem Leben. Ich geniesse meinen vielseitigen Beruf im Bereich integrale Organisations- und Persönlichkeitsentwicklung. Da kann ich viel bewegen und meine Überzeugung und Erfahrung, dass man aus jeder schwierigen Situation etwas Positives gestalten kann, weitergeben. Rückblickend sehe ich, dass ich meine Talente, meine ausgeprägte Intuition und meine Fähigkeiten, komplexe Systeme schnell erfassen zu können, weitgehend durch diese Auseinandersetzung mit meinen belastenden Kindheitserlebnissen entwickelt habe. Wie ein Rohdiamant, der im Erdmantel durch hohen Druck und hohe Temperaturen geformt wird.

Was sich in der Kindheit fast wie ein Fluch anfühlte, wurde so zu einem Segen. Aus der integralen Sicht betrachtet, die ich im letzten Teil dieses Buches ausführlicher beschreibe, kann ich Organisationen und Menschen umso bewusster und differenzierter wahrnehmen und verstehen, je klarer ich mir meiner selbst bewusst bin. Wenn ich den Abgründen in mir ins Auge geschaut habe, können mich auch fremde Abgründe nicht erschrecken. Und wenn ich in mir die Folgen belastender Erlebnisse und Prägungen verarbeite, heisst das, dass ich die Verantwortung dafür übernehme, und sie nicht nach aussen projiziere, und andere Menschen oder unglückliche Umstände dafür verantwortlich mache. Nur dann kann ich sie auch lösen und frei werden, mein wahres Selbst zum Ausdruck zu bringen.

Das Schreiben dieses Buches ist für mich wie Erntezeit. Ich habe mich aus zwei Gründen entschlossen, es zu veröffentlichen. Einerseits für Leser, die aktuell in schwierigen Situationen sind oder mit den Folgen einschneidender Erlebnisse hadern. Wenn ich damit

Mut machen und zeigen kann, dass es sich lohnt, sich dem zu stellen, weil auf der anderen Seite die innere Freiheit lockt, dann hat es sich gelohnt. Andererseits finde ich es spannend, aus der Sicht der Integralen Entwicklung nachvollziehen zu können, wie sich die Auseinandersetzung mit persönlichen Themen auf das Verständnis der Welt, des Menscheins und der Arbeit auswirken kann. Auf diese Weise gibt das Buch einen Einblick in die Haltung, in der ich meine Arbeit gestalte.

Ich habe mich immer wieder gefragt, ob ich im ersten Teil soviel aus meiner Geschichte erzählen soll. Ich könnte es ja drastisch kürzen und vor allem Teil drei des Buches zum Hauptinhalt machen. Es war mir jedoch wichtig aufzuzeigen, dass all meine heutigen teilweise querdenkenden Ansichten nicht einfach theoretisch und aus der Luft gegriffen sind, sondern einen Bezug zu meinen konkreten Erfahrungen und Experimenten haben. Das war für mich wichtig beim Forschen. Ich kann das auch niemandem abnehmen. Was hier steht, sind meine Wahrheiten, jeder muss seine Wahrheiten selbst finden. Aber vielleicht geben meine Geschichten den einen oder anderen Impuls, neue Fragen zu stellen oder etwas frecher zu experimentieren.

Meine persönlichen Erfahrungen sind auch ein Beispiel dafür, wie eine klare Absicht und ein klarer Purpose uns leiten und Kraft geben können, durchzuhalten, wenn es mal rau zu und hergeht. Das beginnt schon im Prelude.

Danksagung

Dies ist ein Buch über mich, mein Leben und mein Wirken. Meine Dankbarkeit schliesst jeden Menschen und meine Erfahrungen und Erlebnisse ein, die mich zu der Frau gemacht haben, die ich heute bin. Eine besondere Rolle spielen hier natürlich alle meine Familienmitglieder, allen voran meine Eltern, die mich trotz aller schwierigen Erlebnisse mit kraftvollen und pionierhaften Vorbildern und Leitsätzen geprägt haben. Meine Schwester, mein Bruder und meine Tochter Marina. Marinas Geburt war ein Wendepunkt in meinem Leben. Sie war und ist mir eine grosse Lehrmeisterin für vieles, was im Leben zählt. Marina hat mich auch durch den ganzen Produktionsprozess auf vielseitigste Art und Weise unterstützt mit Feedbacks, Lektoratsarbeiten, Mitarbeit bei der Gestaltung und vor allem mit ihrer Lebensfreude und ihrem Enthusiasmus. Dafür bin ich ihr von Herzen dankbar.

Ich danke allen Freunden, Bekannten und Berufskollegen, die mich während des Schreibprozesses und der Produktion des Buches unterstützt haben. Sie haben sich immer wieder mit mir auf vielseitige Diskussionen und Forschungsreisen eingelassen, haben mir Feedbacks zum Buch gegeben, meine Fragen beantwortet, wenn ich unsicher war – ohne Euch alle wäre dieses Buch nicht entstanden. Dafür möchte ich mich bedanken.

Ich bedanke mich bei Dani, Nicole und Monika, meinen Profis für Cover, Illustrationen und Layout. Es ist eine Freude mit Euch zu arbeiten. Ihr habt mich auch geduldig durch meine Krisenmomente geführt und seid auf meine Eigenheiten eingegangen. Das Resultat lässt sich sehen. Finde ich. Und ich bedanke mich bei Christophe, er hat mir über die letzte Hürde geholfen.

Mein Schreibstil

Mit der Einführung der neuen deutschen Schreibweise vor einigen Jahren wurden viele starre Regeln gelockert. Ähnlich wie in der Mode, ist heute vieles möglich und im Ermessen des Anwenders.

Sprache ist für mich ein Tanz, und der Tanz ist wichtiger als strikte grammatikalische Regeln. Ich versuche in all meinen Bücher zu schreiben «wie mir der Schnabel gewachsen ist». Dazu gehört, dass ich immer wieder englische Ausdrücke benütze, die man streng genommen auf Deutsch übersetzen könnte. Englisch ist wie meine zweite Muttersprache. Ich benütze es täglich. Ich merke manchmal gar nicht, wenn ich die Sprache wechsle., In meinen Notizen stell ich häufig im Nachhinein mit Überraschung fest, dass ich unbewusst einige Absätze in Deutsch und andere in Englisch geschrieben habe. Aus diesem Grund lass ich die englischen Ausdrücke so stehen wie sie spontan einflossen. Es ist meine Art und Weise, mich auszudrücken.

Auch mit Kommaregeln pflege ich einen eher spontanen Umgang. Manchmal setze ich Kommas wo es keine braucht und manchmal setz ich keine, wo es welche haben müsste. Ausschlaggebend ist mein Gefühl beim Lesen des Satzes. Ich hoffe, die Kommas vergeben mir diesen lockeren Umgang und es fühlt sich niemand beim Lesen gestört dadurch.

Ich bin mir bewusst, dass jeder Leser je nach Kultur, Alter und Hintergrund ein anderes Sprachgefühl hat. Was die Genderthematik betrifft, verzichte ich auf die heute weit verbreitete Schreibweise mit Sternchen. Ich finde das sehr umständlich zum Lesen. Es hat für mich auch nicht viel mit der Genderthematik und echter Gleichberechtigung zu tun.

Es gibt das natürliche, respektive biologische Geschlecht eines Lebewesens. Das nennt man den Sexus. Und es gibt den Genus, das ist das grammatikalische Geschlecht. Es gibt Bezeichnungen, wo diese beiden übereinstimmen (die Frau), bei anderen nicht (das Kind, die Strasse). Jede Variante mit einem Sternchen zu bezeichnen finde ich unübersichtlich und nicht sinnvoll.

Durchs ganze Buch ziehen sich meine Reflektionen, die ich als hervorgehobene Absätze kursiv formatiert habe. Damit beschreibe ich, was meine Erfahrungen bei mir ausgelöst haben und was ich gelernt oder mitgenommen habe, inwiefern meine Erlebnisse mich geprägt haben.

Prelude – oder die Vorahnung

Ich erwachte kurz vor meiner Geburt aus dem Schockzustand. Die Wehen meiner Mutter pressten mich bereits in den engen Kanal. Wow, wohin geht denn diese Reise? Was war denn nur plötzlich los, wie war ich bloss hierher gekommen? Ich hatte fast die ganze Schwangerschaft in diesem paralysierten Zustand verbracht und gar nicht mitgekriegt was läuft, geschweige denn Zeit gehabt, mich auf mein Geborenwerden vorzubereiten. Das Letzte an das ich mich erinnern kann, ist ein Knall und die Schreie meiner Mutter. Dann Dunkelheit und absolute Stille. Das war vor vielen Wochen. Aber was liegt da vor mir? Ungemütliche Vorahnungen. Es war wohl gar keine gute Idee, dieses Setting zu wählen, sollte ich nicht gleich lieber wieder abhauen? Zuviel Schmerz. Zuwenig Spass, was für ein Programm, ein schlechter Film.

Was hatte ich mir denn nur überlegt bei dieser Wahl? Ah genau, da war doch dieser Challenge, den ich mir vorgenommen hatte. Ich wollte die Welt auf den Kopf stellen, das Unmögliche möglich machen. Grenzen sprengen, Neues schaffen, die Menschheit befreien aus dem Drama von Kontrolle und Ausbeutung. Menschen helfen, sich selbst in ihrer Kraft und Schönheit zu entdecken und zum Ausdruck zu bringen, das Korsett von Trauma und Leid zu sprengen. Menschen ermutigen, die Verantwortung und Kontrolle über das eigene Leben wieder zu übernehmen, in die Tiefen ihres inneren Wissens und ihrer Kreativität einzutauchen, daraus zu schöpfen, um das Neue zu schaffen. Und ich wollte es genau jetzt tun, in dieser Inkarnation, im Wissen darum, dass das Universum gerade alle Türen öffnet für eine globale Transformation des menschlichen Bewusstseins.

Ich beschliesse, den Weg, den ich gewählt hatte, zu gehen, mit diesen liebevollen und vertrauten Seelen, die sich bereit erklärt hatten, auf dieser irdischen Gruppenreise mitzuspielen. Meine Eltern, meine Schwester, mein Bruder, meine Tochter. Und als ich mich dafür entschied, nun wieder voller Lust und Vorfreude, war mir bewusst, dass ich Einiges würde auf mich nehmen müssen, um das zu schaffen.

Teil 1

Lehr- und Wanderjahre

In diesem ersten Teil des Buches beschreibe ich wahlweise Erlebnisse, die mich geprägt haben und damit eine wichtige Grundlage meines heutigen Weltverständnisses und meiner Arbeit sind.

An meine ersten zwei Lebensjahre habe ich nicht viele direkte Erinnerungen. Wir lebten in Lausanne. Dort kamen meine Schwester Monica und ich zur Welt. Sie war drei Jahre älter als ich. Was ich aus Erzählungen weiss ist, dass Monica und ich ein Herz und eine Seele waren. In der Familie ging der Spruch um: «Das können keine Geschwister sein, weil Geschwister sich doch streiten».

Dieses zufriedene Leben kam zu einem abrupten Halt als ich zweieinhalb Jahre alt war. Ende Zufriedenheit. Die Dunkelheit, die Isolation aus dem Schockzustand im Mutterleib war wieder da. Weg war sie, meine Schwester, vor meinen Augen in ein Auto gerannt. Voller Freude wollte sie an diesem herrlichen Spätsommertag nach Hause, um dem Vater zu erzählen, dass sie schwimmen gelernt hatte und hat mich einfach allein auf dem Trottoir zurückgelassen. Meine Mutter hat mich, in der Verzweiflung – weil sie mich nicht mit in die Ambulanz nehmen durfte – bei der Kioskfrau der Badeanstalt abgegeben, mit dem Hinweis, der Vater würde kommen und mich abholen. Der kam und brachte mich nach Hause zu einer Nachbarin, wo ich die Nacht verbrachte. Meine Schwester verstarb in der Nacht im Spital.

«Ich werde mein Leben leben, als ob es Dich nie gegeben hätte, weil ich es sonst nicht aushalte. Und ich werde nie mehr jemand so nahe an mich heranlassen, dass es mich daran erinnern könnte, wie schön die Nähe mit Dir war.» Das ging mir an ihrem Grab und in der einsamen Zeit im gemeinsamen, jetzt aber gähnend leeren Kinderzimmer durch den Kopf. Ich verlor nicht nur die Schwester, ich verlor mein Zuhause, meinen Boden, die Geborgenheit – ich fühlte mich wie ausgesetzt und auf mich allein gestellt. Eine Nussschale auf dem Ozean. Wenn ich von meinem Mittagsschlaf aufstand, war die Wohnung erfüllt von den heimlich geweinten Tränen meiner Mutter. Meine Eltern waren bis an die äusserste Grenze ihrer Kräfte gefordert. Da war keine emotionale Unterstützung mehr möglich für mich in meinem Schockzustand.

Magic reappears

Plötzlich stand er vor mir und kaufte sich ein Eintrittsticket in die Dorfdisco, wo ich ab und zu Kasse machte, um mein Taschengeld aufzubessern. Er schaute mich mit einem direkten, prüfenden Blick an und wirkte wie ein Wesen aus einer anderen Galaxie. Unglaublich anziehend für mich, fühlte ich mich doch auf dieser Erde nicht wirklich zuhause. Ich war mittlerweile 16 Jahre alt und erlebte immer wieder Zeiten eines unglaublichen Heimwehs. Etwas in mir wusste, dass dieser Ort, den ich «Zuhause» nennen würde, nicht auf diesem Planeten zu finden war. Jetzt stand da ein gleichaltriger Mann vor mir, der mich an «Zuhause» erinnerte. Er kam immer wieder, und es entwickelte sich eine langjährige, höchst intensive und aussergewöhnliche Beziehung. Es war das erste Mal seit dem Schock mit dem Unfalltod meiner Schwester, dass ich meine Herztür ein klitzekleines Bisschen öffnete um jemanden hereinzulassen. Meine Neugier trieb mich. Ich wollte herausfinden, woher diese sphärische Ausstrahlung kam. Lars hiess er. Er war mein Ruf zurück ins Leben. Und ich folgte ihm. Meine Rückreise ins Leben und in meinen Körper dauerte allerdings viele Jahre. Aber das war mir in dem Moment noch nicht bewusst.

Ode an die Kindheit

An die Zeit meiner ganzen Kindheit hab ich nur ganz dumpfe Erinnerungen. Isolation, Einsamkeit, Sinnlosigkeit und Ausweglosigkeit waren die prägenden Zustände. Und Hilflosigkeit, weil ich natürlich das Leiden meiner Eltern sehr wohl fühlte, aber nichts tun konnte. Ich war einfach ausgeliefert. Ich erinnere mich an viele Stunden, wo ich an der Hand meiner verzweifelten, weinenden Mutter mitging und mir und ihr nicht zu helfen wusste. Ich entwickelte eine Wut auf meinen Vater. Der hatte seinen Job, jettete für sein Business in der Welt herum und ich fand, er lasse meine Mutter im Stich und mit uns Kindern allein statt ihr zu helfen. Erst als Erwachsene, beim Aufarbeiten dieser Zeit, fing ich an zu verstehen, wie gross der Druck war, der auf meinen Eltern, auf jedem Einzelnen lastete. Dass sie beide ganz unterschiedliche Strategien hatten, mit dem Verlust umzugehen, dass ihre Strategien leider nicht sehr kompatibel waren und dass sie sich gar nicht wirklich helfen konnten.

Mit uns Kindern? Ja, Mehrzahl. Nach dem Unfall beschlossen meine Eltern, dass sie noch ein zweites Kind möchten, also respektive ein Drittes. Sie hatten sich immer zwei Kinder gewünscht. Als ich vier Jahre alt war, kam mein Bruder zur Welt. Die Schwangerschaft meiner Mutter verlief soweit normal, aber sie war körperlich und seelisch erschöpft. Für zwei Wochen gaben mich darum meine Eltern in ein Kinderheim, damit sie zusammen in die Ferien fahren konnten und sich meine Mutter etwas erholen konnte. Die zwei Wochen in dem Kinderheim waren für mich so entsetzlich, dass sie in meiner Erinnerung zwei Jahre dauerten. Der Gipfel der Erfahrung war der Kirchenbesuch am Sonntag. Die Schwestern fragten mich, ob ich katholisch sei. Ich hatte keine Ahnung, was das ist. Um sicherzustellen, dass ich mein Seelenheil nicht verlieren würde, nahmen mich die Schwestern mit in die Kirche. Dort wurde das Abendmahl gefeiert, und weil ich eben nicht katholisch war, hatte ich sowas noch nie gesehen. Ich war entsetzt und überzeugt, dass dieser Typ, der da den Leuten diese weissen Dinger in den Mund legte, sie alle vergiften würde und wunderte mich, dass das niemand merkte. Ich war wild entschlossen, dem zu entgehen. Also schlich ich mich aus der Kirche und ging tapfer zu einem Taxichauffeur, erklärte ihm, er müsse mich sofort nach Hause bringen und gab ihm die Adresse an. Ich fühlte mich super, der Freiheit nahe und überlegte mir natürlich keine Sekunde, dass vielleicht niemand zuhause sein würde. Der Taxichauffeur lieferte mich im Handumdrehen zurück an die Schwestern aus und vorbei war mein Traum.

Meine Situation hat mich schon früh geprägt, mir selbst zu helfen. Versuchen kann man alles. Und Misserfolge sind kein Grund aufzugeben.

Mein Hund – Brücke zum Leben

Während langer Zeit nach dem Unfall muss ich stundenlang apathisch in meinem Kinderzimmer gesessen haben. Ich habe nicht gespielt und liess mich zu nichts anregen. Auch noch ein Jahr nach dem Unfall machte ich mit Fragen nach der Rückkehr meiner Schwester klar, dass ich nicht begriffen hatte, oder vielleicht auch einfach nicht begreifen wollte, dass sie nie wiederkommen würde. Meinen Bruder lehnte ich leidenschaftlich ab und bekämpfte ihn die ganze Kindheit durch. Er war mir im Weg, ich wollte nichts mit ihm zu tun haben. Und ich liess es ihn spüren. Der arme Kerl, er konnte ja weiss Gott nichts dafür. Aber seine Gegenwart verschlimmerte mein Gefühl von Verlust. Vielleicht hatte es auch damit zu tun, dass er mich aus meinem Gefühl der Taubheit rausriss, in das ich mich geflüchtet hatte.

«Du musst nicht meinen, Dich führ ich jetzt mal ganz schön an der Nase rum und spiel Dir was vor. Das geht Dich alles überhaupt nichts an». Das dachte ich mir, als der Kinderpsychiater versuchte, mich zu umgarnen und mir sein Puppenspielhaus anbot. Meine Eltern hatten mich zu ihm geschickt, als ihnen klar wurde, dass es nicht so einfach werden würde, mich aus meiner Apathie herauszuholen. Mir war absolut klar, dass dieser Mann mich beobachtete und rausfinden wollte, was mit mir los war. Ich habe keine Ahnung, ob meine Entscheidung, mich zu verweigern, gelungen ist. Viele Jahre später habe ich versucht, an meine Patientenakte ranzukommen um herauszufinden, was er aufgeschrieben hatte. Ich war etwas zu spät. Kurz vorher hatte man die Praxis aufgelöst und alle alten Akten vernichtet, weil er pensioniert worden war. Also werde ich das leider nie herausfinden.

Aber für etwas werde ich ihm ewig dankbar sein. Er empfahl meinen Eltern, mir einen Hund zu schenken. Als wir kurze Zeit später von Lausanne in den Kanton Zürich zogen und dort in einem Haus mit Garten lebten, setzten meine Eltern die Empfehlung um. Astor kam zu uns. Ein Mischlingswelpe von einem nahen Bauernhof, halb Schäfer, halb Appenzeller. Ich fand ihn wunderschön, er hatte den Körperbau und die Haarstruktur eines Schäfers und die Farben eines Appenzellers. Und er war das einzige Lebewesen, dem ich mich öffnete. Stundenlang lag ich bei ihm und als ich etwas grösser war, ging ich mit ihm stundenlang im Wald spazieren. Mit ihm allein im Wald fühlte ich mich am wenigsten einsam. Ich erzählte ihm endlos mein ganzes Leid und meine Verzweiflung und weinte, mein Gesicht in seinem Pelz vergraben. Aber nur, wenn ich allein war und mich niemand sah. Er hörte sich geduldig alles an. Ich glaube, er hat mich im Leben gehalten. Er begleitete mich durch meine Kindheit und wurde 16 Jahre alt.

Die ewige Aussenseiterin

Die Ereignisse und Prägungen führten dazu, dass ich mit dem Grundgefühl aufwuchs, nirgends dazuzugehören. Ein Tenor, der sich durch mein Leben zieht. Ich hatte emotional keine Familie. Im Kindergarten und in der Primarschule war ich immer eine Aussenseiterin. Mit mir stimmte was nicht, ich fühlte mich nicht als Teil der Gruppe, und die Kinder spürten, dass mit mir etwas komisch war. Ich war frühbegabt und las schon zur Kindergartenzeit ganze Bücher. Meine Mutter glaubte das nicht, und ich musste ihr jeweils nach dem Lesen die Geschichte zusammenfassen, was ich problemlos konnte und sie erstaunte. Sie sagte mal viel später, als ich in der Pubertät war, zu mir: «Weisst Du, Du warst mir schon als kleines Kind manchmal unheimlich. Da war etwas an Dir, das konnte ich nicht verstehen, und es machte mir Angst.»

In Lausanne hatten wir im Kindergarten schon Schreiben und Lesen gelernt. Als ich im Kanton Zürich das zweite Kindergartenjahr absolvieren musste, langweilte ich mich zu Tode. Und war wieder die Aussenseiterin. Ich schwänzte den Kindergarten vor Langeweile, verbrachte den Tag allein im Wald und fühlte mich gut dabei. Natürlich zog das unangenehme Konsequenzen nach sich. Auch in der Primarschule langweilte ich mich. Und es war mir klar, dass ich um jeden Preis ins Gymnasium wollte, weniger wegen des Lernens sondern vor allem um dieser Klasse im kleinen Dorf im Säuliamt zu entkommen, wo ich mich so unwohl und nicht aufgenommen fühlte.

«Pass auf, im Gymi wirst Du es nicht so einfach haben. Dort bist Du eine der Guten unter Vielen!» So wurde ich regelmässig gewarnt. Die erste Hürde hatte ich genommen, Gymiprüfung bestanden. Ich kam nach Urdorf in die neu gegründete Kantonsschule Limmattal, erster Jahrgang. Anfangs waren wir noch in einem Gebäude der Sekundarschule Urdorf untergebracht, später in provisorischen Pavillons, die nach dem Bau der Kantonsschule (nach meiner Matura notabene) zu einem Gefängnis für Halbgefangenschaft umgenutzt wurden. Ich büffelte während der Probezeit wie verrückt. Undenkbar wäre es gewesen, hätte ich zurück ins Dorf in die Sekundarschule gehen müssen. Mein absolutes Highlight war die Geschichte Griechenlands, das faszinierte mich. Ich schloss die Probezeit mit einem Notendurchschnitt von 5.5 ab (für Leser aus dem Ausland, in der Schweiz ist die Note 6 die Bestnote). Das war komfortabel, aber es beendete mein Aussenseitertum in keiner

Weise. Im Gegenteil. Meine Privatzeit verbrachte ich im Säuliamt in den Cliquen und Discos (wo ich Lars kennenlernte). Es waren wilde Zeiten. Das Dorf war die Drogenhöhle des Kantons, wenn es in Zürich keinen Stoff mehr gab, dann kam man zu uns, da gab es immer was. Ich rauchte meine Joints, weil mich das aus Gründen der Bewusstseinsforschung interessierte, und hatte sonst irgendwie das Glück an den gefährlichen Drogen vorbeizukommen. Aber ich musste zuschauen, wie es viele Kollegen reinzog. Als ein paar Jahre später die ganze AIDS Geschichte bekannt wurde und eskalierte, habe ich viele Kollegen früh verloren.

Ich war zwar Mitglied der Cliquen, aber irgendwie war ich trotzdem Aussenseiterin. Ich war die Komische, die ins Gymnasium ging. Sie fanden mich ganz nett, aber da konnte doch was nicht stimmen, da musste man vorsichtig sein. Mindestens empfand ich das so.

Im Gymnasium, auf der anderen Seite, gab es Mitschüler, die mir mit Misstrauen begegneten und vor allem auch Eltern von Mitschülern, die es nicht gern sahen, wenn ihre Kinder mit mir verkehrten, denn «die hängt in der Freizeit in höchst zwielichtigen Kreisen herum».

Mich völlig überfordert zu fühlen, aber trotzdem immer wieder einen Weg zu finden, eine Situation zu meistern, gepaart mit der Erfahrung, stets Aussenseiterin zu sein, haben mich unabhängig und relativ manipulationsresistent gemacht. Ich eignete mir ein Grundvertrauen an, dass es immer einen Weg gibt, egal wie steinig er aussieht, und die Einstellung, dass ich lieber Aussenseiterin bin, als faule Kompromisse einzugehen.

Sprache und Bewusstsein

Ich wählte die altsprachliche Matur mit Latein und später noch zusätzlich Altgriechisch. Wir waren zu fünft in meinem Jahrgang, die Griechisch wählten. Dies führte dazu, dass die Kantonsschule einen Griechischlehrer einstellen musste. Wäre ich allein gewesen, hätte man mich nach Zürich ins Gymnasium geschickt. Später fragte ich mich, ob das nicht hilfreich gewesen wäre. Wir fanden mit der Zeit heraus, dass man uns in Urdorf mit Unterrichtsstoff total abfüllte, weil es von unserem Jahrgang abhing, ob die Kantonsschule Limmattal eidgenössisch anerkannt würde. Kolleginnen von mir, die in Zürich ins Gymnasium gingen, schoben im Vergleich zu uns eine ruhige Kugel. Der Griechischlehrer jedoch war ein Segen. Er hatte eine solche Leidenschaft für diese Sprache, dass es ihm gelang, uns den Reichtum dieser Sprache fühlbar zu vermitteln. Im Lateinunterricht lasen wir stets römische Kriegsgeschichten, was überhaupt nicht meinem Interesse entsprach. Im Griechischunterricht lasen wir griechische Philosophen und das Neue Testament. Wir hatten eine Ausgabe der Bibel, in der auf der linken Seite der Text auf Lateinisch und auf der rechten Seite der Text in Altgriechisch abgedruckt war. Diese Bibel steht heute noch in meinem Büchergestell. Wir lasen also das Neue Testament in Altgriechisch und es gelang dem Lehrer, uns zu vermitteln, wie differenziert und reich gewisse Aussagen, Gefühle und Situationen beschrieben waren. Es gab Sätze und Ausdrücke, die sich kaum auf Deutsch übersetzen liessen, ohne etwas von dem reichen Inhalt zu verlieren. Schon nur das Lesen des gleichen Satzes auf der linken, lateinischen Seite zeigte einen Verlust an Reichtum und Bedeutung.

Auf dieser Grundlage erforsche ich seither den Zusammenhang von Sprache und Bewusstsein. Möglicherweise wurde dieser Samen schon durch mein Aufwachsen in Lausanne als Kind von deutschsprachigen Eltern gelegt. Man sagt, dass ein Kind das zweisprachig aufwächst, nicht einfach nur zwei Sprachen lernt, sondern zwei Kulturen kennenlernt, da die Art und Weise, wie ein Volk sich in seiner Sprache ausdrückt, auch die Weltsicht dieser Menschen spielt. Und meine Erkenntnisse und Erfahrungen in der Auseinandersetzung mit philosophischen und religiösen Texten in Altgriechisch vertiefte dieses Verständnis. Später bereute ich es sehr, dass ich damals nicht noch Hebräisch gewählt hatte. Ich vermute, das wäre nochmals ein grosser Schritt gewesen. Wenn ich heute übersetzte Texte aus der Nag Hammadi Library lese oder Übersetzungen von Wissenschaftlern, die Originaltexten alter Kulturen und Religionen nachgehen, wie zum Beispiel den grossen Jesaja Rollen, und versuchen, sie so wortgetreu wie möglich zu übersetzen, dann seh ich, dass uns uralte Weisheiten zur Verfügung stehen, die in einer heute gängigen Übersetzung der Bibel gar nicht, oder nur schwer nachvollziehbar sind. Bei diesen Nachforschungen habe ich auch herausgefunden, dass die Jesaja Rollen die gemeinsame Grundlage der drei grossen Religionen Judentum, Christentum und Islam sind! Da gibt es wohl mehr Verbindendes als uns heute bewusst ist.

> *Sprache und wie jemand Sprache benützt ist für mich ein wichtiger Leitfaden. Ich kann daraus sehr viel ablesen. Ich «spüre» ob jemand kompetent über ein Thema spricht, auch wenn ich vom Thema fachlich nichts verstehe. An meiner eigenen Ausdrucksweise beim Schreiben kann ich erkennen, wo ich stehe.*

Das hat mir im Netzwerkbereich in vielen Fällen geholfen, die Spreu vom Weizen zu trennen. Ich «spüre» auch, ob jemand aus seinem Zentrum spricht, das, was er sagt, verinnerlicht hat, oder ob er leer und ohne eigenen Bezug etwas wiederholt. Das Gefühl für Differenziertheit und Feinheiten und das Erkennen, aus was für einem Bewusstsein jemand spricht, wurde nicht zuletzt durch mein zweisprachiges Aufwachsen und der Auseinandersetzung mit alten Sprachen ausgebildet.

Selbstmordphasen

Eigentlich ist es ein Wunder, dass ich noch da bin. Ich meine auf der Erde. Es gab soviele Momente in meinem Leben, wo ich mir echt überlegte, was ich hier soll. Wo ich hätte abhauen können. Mein Zuhause war ja ohnehin nicht hier und ich hatte mit diesem Heimweh immer wieder das Gefühl, aus Versehen auf dem falschen Planeten gelandet zu sein. Irgendetwas musste da schiefgelaufen sein. Und dennoch habe ich es nie getan. Abhauen meine ich.

Schon als kleines Kind in der frühen Primarschulzeit hatte ich solche Phasen. Zu der Zeit hatte ich sowas wie eine Erleuchtung im Kinderzimmer, die mir viel Kraft und Durchhaltewillen gab. Ich werde sie noch in einem der nächsten Abschnitte beschreiben.

Später, in der Pubertät gab es ungefähr zwei Jahre, wo ich total auf der Kippe stand. Die Beziehung zu Lars war ein wesentlicher Grund, auf dieser Seite zu bleiben. Durch ihn fühlte ich eine andere Welt durchscheinen. Es interessierte mich, was das ist und was ich da wahrnehme. Dann las ich den Steppenwolf von Hermann Hesse. Ich konnte mich sehr mit der Zerrissenheit der Hauptperson Haller identifizieren. Dieser beschloss, dass er sich an seinem 50. Geburtstag das Leben nehmen würde. Aus diesem für ihn trostspendenden Gedanken heraus, betrachtete er das Leben neu. So half ich mir mit einer ähnlichen Neugierde über die dunklen Kräfte hinweg. Ich sagte mir, «umbringen kann ich mich immer noch, vorher schau ich noch, was alles drinliegt».

Diese Haltung gab mir auch eine gewisse Freiheit im Denken. Normalerweise stehen wir im Leben und verdrängen Gedanken an den Tod, und wir erleben ihn als etwas, was es um jeden Preis zu vermeiden gilt oder als Versagen. Aber mit dieser Haltung brauchte ich keine Energie, ihn zu verdrängen oder zu bekämpfen. Er war mehr fast wie ein Freund und während ich wusste, dass er mir sicher ist, konnte ich viel unbelasteter mit meinem Leben experimentieren. Ja, zugegeben, klingt schon recht morbid. Aber das waren einfach meine Überlebensstrategien. Und hey, schliesslich bin ich immer noch da und habe auch meinen 50. Geburtstag überlebt.

Ich habe lange Zeit niemandem von diesen Selbstmordgedanken erzählt. Ich schämte mich dafür und dachte es sei ein Zeichen von Schwäche und ich sei einfach nicht recht lebensfähig. In den letzten Jahren habe ich immer wieder den Mut aufgebracht, darüber zu reden und war sehr erstaunt herauszufinden, dass ich damit gar nicht so allein bin. Menschen, von denen ich das nie gedacht hätte sagen «weisst Du was, das kenn ich so gut.»

Im Alter von 18 und 19 Jahren erlebte ich fast täglich Panikattacken. Sie traten in allen möglichen Situationen auf, vor allem aber waren sie verbunden mit einem Gefühl der Klaustrophobie. Sobald ich in einer Situation war, wo ich nicht einfach rauskonnte, ging es los. Das konnte eine stehende Autokolonne im Tunnel sein oder ein

Zug oder Flugzeug. Ich war in solchen Momenten zu keiner normalen Tätigkeit fähig und konnte mich auf nichts mehr konzentrieren. Ich ging zum Dorfarzt. Der machte ein EKG, das zeigte keine Anomalitäten. Der Arzt konnte sich nicht erklären, woher das kommen könnte und gab mir zur Sicherheit Herztabletten, die ich bei der nächsten Panikattacke nehmen sollte. Diese liess nicht lange auf sich warten. Sie kam im Auto auf dem Heimweg von der Arbeit. Ich hielt bei einem kleinen Stall an und nahm eine Tablette. Und dann ging es mir so richtig schlecht. Ich dachte, wenn ich bis jetzt nicht an diesen Panikattacken gestorben bin, so sterbe ich jetzt an dieser Tablette. Als sich dann alles beruhigte und ich zuhause war, las ich die Packungsbeilage – das tue ich heute übrigens immer BEVOR ich eine Tablette nehme. Ich verstand nicht alles, aber den Texten war zu entnehmen, dass diese Tabletten geeignet sind für Leute, die sich kurz vor dem Sterben befinden, um ihnen die letzten Momente etwas zu erleichtern. Also ab in die Mülltonne mit den Tabletten, Problem Panikattacke ungelöst.

«Dein Körper erinnert sich an etwas, woran Du Dich bewusst nicht erinnern kannst. Deine Aufgabe ist es nun, den Signalen Deines Körpers zu folgen, bis Du wieder zum Ursprung und zur Erinnerung kommst. Ich schick Dich in die Atemtherapie.» Dies sagte mein Hausarzt Thomas Walser, meine nächste Anlaufstelle, als ich ihm die Situation schilderte. In den ersten Wochen dieser Therapie wurde mir bewusst, dass ich kaum Gefühl in meinem Körper hatte. Der Schlüsselmoment war, als mich der Atemtherapeut fragte, wie sich meine Füsse anfühlten, ob sie kalt oder warm seien. Worauf ich einen Fuss in die Hand nahm, um zu melden, er sei kalt. In dem Moment realisierte ich, dass das absurd war. Ich hatte kein Gefühl im Fuss, ich musste meine Hand zu Hilfe nehmen, um zu spüren, ob er kalt oder warm war. Nach wenigen Wochen der Behandlung waren meine Panikattacken Geschichte. Die Atemtherapie führte ich rund sieben Jahre weiter. Es war ein Zurückerobern meines Körpers. Und es wurde mir klar, dass ich dadurch, dass ich nicht richtig in meinem Körper war, auch kein Gefühl für «Raum» hatte, was zu diesen klaustrophobischen Attacken führte.

Als ich an einem schönen Sommertag über Mittag mit Kollegen in der Badi am See war, hatte ich von einer Sekunde auf die

andere kein Gefühl mehr in den Beinen. Sie fühlten sich total taub an. Ich erschrak und war nicht sicher, ob ich sie noch bewegen konnte. Doch, das ging. Vorsichtig versuchte ich aufzustehen, auch das ging. Mit einer Ausrede verabschiedete ich mich von den Kollegen und ging nach Hause. Dort überlegte ich fieberhaft, was ich jetzt tun sollte und rief als erstes meinen Atemtherapeuten an. Der gab mir einen Notfalltermin. Nach seiner Behandlung kehrte das Gefühl in meine Beine zurück. Es war also offensichtlich keine krankhafte Störung im Körper, sondern ein Symptom meines «Nicht-ganz-anwesend-seins». Ich fragte ihn, was geschehen wäre, wenn ich damit zum Arzt gegangen wäre. Er meinte, man hätte mich vermutlich für eine ganze Batterie von teuren Untersuchungen für tausend Eventualitäten ins Spital geschickt und dann komischerweise nichts gefunden, was die Taubheit hätte erklären können. So führte ich meine Atemtherapie weiter und eroberte meinen Körper Zentimeter um Zentimeter zurück. Der krönende Abschluss war nach sieben Jahren die Hausgeburt meiner Tochter. Dazu mehr später.

Diese und ähnliche Erfahrungen lehrten mich, dass es in der Biologie, Medizin und im Verständnis von Gesundheit viel mehr wichtige Aspekte gibt, als die Schulmedizin gemeinhin betrachtet. Darum sind Diagnosen und Aussagen von Schulmedizinern für mich zwar wichtig, aber ich informiere mich bevor ich Entscheidungen treffe auch auf anderen Schienen, um mir ein ganzheitliches Bild der Situation machen zu können.

Hier war es also um das «Ankommen» in meinem Körper gegangen. Ich verstand das so, dass die Schockzustände und Traumata im Kleinkindalter mich teilweise aus dem Körper katapultiert hatten, oder die Verbindung zu meinem Körper gekappt hatten. Man sagt im Volksmund, dass sich für jedes Gefühl das man verdrängt im Körper etwas verspannt. So war ich während den Jahren der Atemtherapie damit beschäftigt, zurück in den Körper zu kommen. Die Selbstmordgedanken sind damit in den Hintergrund getreten und ich fühlte mich viel lebendiger.

Die Auseinandersetzung mit dem Tod und meiner Todessehnsucht hatte ich nicht gesucht, das war einfach ein Begleiter, der gesehen werden wollte. Diese Auseinandersetzung hat mich befreit, im Sinne von frei gemacht fürs Experimentieren im Leben, weil ich mich mit dem, wovor die meisten sich fürchten oder es gar verdrängen müssen, ausgesöhnt hatte.

Weckruf vom Bulldozzer

Es geschah am 1. November 2011. Ich stand morgens auf und fühlte mich platt und erschlagen, wie vom Bulldozzer überfahren.

Grundsätzlich habe ich einen gesunden und belastbaren Körper, dem ich vertraue und auch viele Experimente zugemutet habe. Es ist typisch für mich, dass ich immer wieder seltsame Symptome habe, die sich nicht eindeutig in bekannte medizinische Kategorien einordnen lassen. Die Schulmediziner schauen mich dann freundlich an, wenn ich die Symptome beschreibe, und sagen «das haben wir gleich, ich weiss schon was das sein könnte, lassen Sie uns ein paar Tests machen» ... Um sich dann nach ein paar Tests am Kopf zu kratzen und zu sagen «Sehr eigenartig. Sowas habe ich so noch nicht gesehen.» Ich habe zum Glück in meinem Leben einige ganzheitliche Ärzte gefunden, die mit solchen Phänomenen umgehen konnten, die sich aus der symptomorientierten schwarz-weiss Pharma-Box der Schulmedizin gelöst und einen ganzheitlicheren Blick auf den Menschen, auf Gesundheit, Ursachen, Kreisläufe und Zusammenhänge entwickelt hatten.

So machte ich mir an diesem 1. November keine allzugrossen Sorgen. Halt mal wieder eine Extra-Pirouette meines Körpers. Solche Kapriolen gestehe ich ihm dann meist wohlwollend zu, ich verlange ja auch viel von ihm. Dann habe ich mein Repertoire an unterstützenden Massnahmen, wenn mein Körper es nicht selber zurück in die Rolle schafft. Die reichen von Homöopathie, Kräutern, Osteopathie, Akupunktur oder Massagen bis zu Kinesiologie oder Bioresonanz. Wenn das alles nicht hilft, konsultiere ich die Schulmedizin. Manchmal konsultiere ich auch zuerst die Schulmedizin, wenn ich sicher sein möchte, dass nichts anbrennt, während ich mir Zeit nehme zum Experimentieren.

Mein langjähriger und ganzheitlicher Hausarzt Thomas Walser hat das auf seiner Website sehr schön formuliert:
«Das Aufspüren der Grenze zwischen genügend eigener Energie (Komplementärmedizin reicht aus) und Zufügen fremder Energie (Schulmedizin ist nötig) ist für mich zentral. Beide ergänzen sich hervorragend zu einer eigentlich ‹integrativen Medizin.›»

Seine Devise war es immer, den Körper in seinen Selbstheilungsprozessen nicht zu stören, sondern nur einzugreifen, wenn der Körper es alleine nicht schafft. Auf seiner Webseite gibt es noch heute einen Fundus an höchst interessanten Artikeln mit spannenden Hintergrundinformationen aus einer ganzheitlichen Perspektive. Den Link dazu findet man im Appendix.

Frei nach diesem bisher bewährten Motto wartete ich also nach diesem Bulldozzerangriff zuerst ab, wie sich das entwickeln würde. Leider ging es nicht weg sondern wurde immer schlimmer. Ich fühlte mich erschlagen von einer bleiernen Müdigkeit im ganzen Körper und hatte täglich Heulanfälle, deren Ursache mir nicht so klar war. Mein erster Schritt war dann natürlich zu meinem integrativen Hausarzt zu gehen, mit der Bitte, alle möglichen körperlichen Ursachen einer solchen Müdigkeit abzuklären. Mit dem Resultat: «Alles im grünen Bereich». Das ist natürlich an und für sich ein sehr positiver Bericht, nur etwas schwierig, um helfende und lindernde Massnahmen für die relativ krassen Symptome zu finden.

Nach fast zwei Jahren Odyssee und stark reduzierter Arbeitsfähigkeit mit ungünstigen finanziellen Folgen landete ich Dank hilfreicher Unterstützung meiner Krankenkasse in einem Therapiehaus im Tessin. Dieses war unter anderem spezialisiert auf Burnout. Die Therapeuten natürlich, nicht das Haus.

Zu Beginn meiner dreiwöchigen Therapiezeit (mit 100%igem Digital Detox, das kann ich nur empfehlen!) wurde ich ins Malzimmer geschickt, mit der Aufgabe, mir zwei oder drei Tage Zeit zu nehmen, mein Leben auf eine Endlospapierrolle aufzuzeichnen. Der blanke Horror für mich. Ein leeres Blatt und Farbstifte führen bei mir normalerweise zu einer Totalblockade. Ich wusste, da führt nichts daran vorbei, also versuchte ich, mich dem Prozess hinzugeben. Und siehe da: Ich konnte meine Blockade überwinden. Ich war sehr ungeübt im Zeichnen, das führte dazu, dass ich manchmal etwas zeichnete und es dann anschrieb, damit ich mich später wieder erinnern kann, was es sein sollte. Zum Beispiel: «Das ist ein Delfin».

Ich kam tatsächlich in einen kreativen Fluss bei dieser Arbeit und brauchte etwa 40 Meter Papierrolle. Die musste ich dann draussen auf einer Wiese allein ausrollen, auf und ab gehen und darüber meditieren. Oder nachdenken. Oder was auch immer.

Die Einsichten die ich dabei hatte waren erstaunlich, kräftigend, inspirierend und setzten viel Energie frei. Was ich aus der Vogelperspektive auf mein Leben erkannte, war, dass ich eine sehr klare und starke innere Führung habe, die mich auch in schwierigsten Situationen nicht im Stich lässt und der ich demzufolge vertrauen kann. Natürlich hatte ich diese Situationen alle erlebt und das jeweils auch wahrgenommen, aber es so im Überblick über die vielen Jahre zu betrachten und festzustellen, wie häufig und wie klar diese Führung auftrat, war beeindruckend. Beim Zeichnen erinnerte ich mich immer wieder an solche klaren Momente der Führung, sodass ich bald anfing, diese mit einer hellen Sonne oben am Papierrand zu markieren. Am Schluss, im Überblick gesehen, gab es soviele von diesen Sonnen, gerade da, wo im Alltag viel Dunkelheit und Schwere war.

Ich empfand das wie ein Licht, einen Stern, der mein ganzes Leben überstrahlte und in mir ein bisher eher unbekanntes Gefühl des Getragen- und Geborgenseins auslöste. Seit dieser Erkenntnis achte ich viel bewusster auf solche inneren Impulse und lasse mich davon leiten.

Erleuchtung im Kinderzimmer – die erste helle Sonne

Während der Primarschulzeit ging ich sehr gern am Sonntag in die Sonntagsschule. Die Geschichten gefielen mir und ich fühlte mich dort wie geborgen. Mein atheistischer, intellektueller und häufig auch zynischer Vater machte sich jedoch Sorgen um mein Seelenheil. Er war natürlich nicht so einseitig intellektuell, aber er hatte keinen Zugang zu seinen Gefühlen. Die hatte er nach dem tödlichen Unfall seines Kindes gründlich weggesteckt. So auch sein Gottesbild. Er fand, wenn es einen Gott gäbe, der würde sowas Schreckliches wie den Unfalltod eines unschuldigen Kindes nicht zulassen. Diese Diskussion führte ich mit ihm dann viele Jahre später. Er wollte also verhindern, dass ich den Verführungen der Kirche erliegen würde. Wenn ich zufrieden und emotional genährt von meinem Religionsunterricht nach Hause kam, hielt er mir Vorträge über andere Religionen, um mir zu sagen, dass es weder nur einen Glauben gibt, noch eine absolute Wahrheit und man alles aus verschiedenen Perspektiven betrachten kann. Beim Frühstück diskutierten wir Dinge wie die Frage, ob der Tisch vor uns nur dasteht, weil wir ihn betrachten oder ob er auch da steht, wenn wir den Raum verlassen. Auf solche Ideen kommt man, wenn man versucht, die Welt durch die quantenmechanische Brille zu betrachten. Dazu mehr im dritten Teil des Buches. Alles zusammen harte Kost für ein Schulkind.

> *Rückblickend war mir dieses Verhalten meines Vaters eine grosse Hilfe im Leben. Mir war von Anfang an bewusst, dass es keine objektive Wahrheit gibt, dass nichts Schwarz-Weiss ist. Er lehrte mich, nichts blind zu übernehmen, sondern zu hinterfragen und für mich MEINE Wahrheit zu finden.*

Damals war ich total verzweifelt, weil er mir den kleinen Halt den ich gefunden hatte gleich wieder wegnahm. Als ich wieder einmal sehr einsam und traurig in meinem Zimmer sass, wandte ich mich an diesen Jesus, von dem ich in der Sonntagsschule gehört hatte. Ich bat ihn inbrünstig, sich mir zu zeigen, wenn es ihn denn gäbe. Ich erhielt im gleichen Moment eine Art Erleuchtung, eine starke innere Gewissheit, die für mich körperlich spürbar war. Die Gewissheit war so klar für mich, dass mein Vater mich nicht mehr verunsichern konnte. Und eine innere Stimme sagte zu mir: «Wir wissen, es ist nicht einfach für Dich. Aber wir bitten Dich zu bleiben, es wird es wert sein dies auszuhalten. In der zweiten Hälfte Deines Lebens wirst Du ernten und verstehen, warum diese Zeit wichtig war. Es wird sich lohnen, das durchzustehen.» Fragt mich bitte nicht, wer «wir» ist. Die Stimme war jedoch so klar und stark, es gab mir Kraft und Durchhaltewillen, obwohl ich rückblickend denke, dass ich ja auch Mut hatte, einzuwilligen, das alles ein halbes Leben lang auszuhalten. Es war keine richtige akustische Stimme, ich kann es nicht richtig erklären. Es war eine Art geräuschlose Stimme. Woher die Stimme kam? Keine Ahnung. Ich nahm sie jedoch auch später, an wichtigen Punkten in meinem Leben, immer mal wieder wahr. Da gibt es jetzt natürlich eine Vielzahl von breit gestützten neurologischen Begründungen, dass so etwas nur Einbildung und ein chemisches Produkt meiner gequälten Hirnzellen gewesen sein kann. Das spielt für mich keine Rolle. Es fühlte sich sehr klar an, war körperlich fühlbar als innere Ruhe und es gab mir Kraft und Halt. Das allein zählte für mich.

Erwachsen Werden

Mit 20 Jahren traf ich die bewusste Entscheidung, dass ich ab sofort aufhören würde, irgendjemanden, im Speziellen aber meine Eltern, für Dinge verantwortlich zu machen, die mir nicht passten. Ich entschied mich, meine Themen und Schwächen anzuschauen, zu verstehen, dass es ist wie es ist, und herauszufinden, wie ich daraus das Beste machen kann. Andere verantwortlich zu machen und zu beschuldigen ist Energieverschwendung und führt auf keinen Fall zu einer Lösung der ungeliebten Situation. Und sie verhindert, dass ich mich weiterentwickle. Diese Haltung hat sich immer wieder in meinem Leben als sehr positiv bis lebensrettend ausgewirkt.

Die volle Verantwortung für mich und mein Leben zu übernehmen war eine der hilfreichsten Entscheidungen in meinem Leben.

Abschiedsgeschenk meiner Mutter

Als ich etwa 16 Jahre alt war bekam meine Mutter Brustkrebs. Diese Diagnose rüttelte uns wach. Meine Mutter stellte unsere Ernährung auf biologisch und vorwiegend vegetarisch um. Sie befasste sich intensiv mit den Zusammenhängen zwischen Lebensweise, Ernährung und Gesundheit und experimentierte auch mit ungewöhnlichen Methoden. So installierte sie zum Beispiel einmal ein Gerät im Haus, das das Energiefeld positiv verändern sollte. Mein Bruder hatte als Kind sehr starke Allergien und intensive Kopfschmerzen waren fast sein Dauerzustand. Die Installation des Gerätes führte zu einer deutlichen Verbesserung seines Zustandes. Das Interessante daran ist, dass meine Mutter im Bewusstsein, dass Erwartungen Realität erzeugen können, niemandem von dem Gerät erzählt hatte. So bekam ich auch von ihrer Seite viel Anregung für meine spätere Forschungstätigkeit.

Schon zu dieser Zeit galt mein Interesse der Frage, wie Bewusstsein funktioniert. Als Leseratte brachte ich regelmässig stapelweise Bücher aus der Bibliothek mit. Meine Mutter interessierte sich für meine Themen, und so vertieften wir uns häufig gemeinsam in die Bücher und diskutierten anschliessend darüber. Damals war das Buch von Arthur Ford, «Leben nach dem Tod» ein Bestseller. Wir lasen es beide und führten viele eifrige Diskussionen darüber, ob wir das glauben wollen oder glauben können. Da wir die Frage nicht wirklich auflösen konnten, schlossen wir einen Deal ab: Wenn das, was im Buch steht stimmt, wird diejenige von uns beiden, die zuerst stirbt, zurückkommen und der anderen ein Bestätigungszeichen geben. Ihr Brustkrebs wurde operiert, und es kehrte wieder Ruhe ein.

Den Sommer 1981, rund fünf Jahre nach der Brustkrebsdiagnose, verbrachte meine Mutter mit starken Schmerzen im Rücken und Hüftbereich und konnte sich zeitweise kaum mehr bewegen. Es war eine belastete Zeit, da der Grossvater im Sterben lag, und sie sich intensiv um ihn kümmerte. Nach seinem Tod meldete sie sich im Spital zu Untersuchungen an. Die Vermutung war Arthrose. Nach kurzer Zeit brachen die Ärzte die Untersuchungen ab und riefen meinen Vater an, damit er dabei wäre, wenn sie meiner Mutter die Diagnose mitteilten: Krebs im Endstadium. Hirn, Rückenmark, Wirbelsäule, Lungen... Sie gaben ihr noch maximal vier Wochen zu leben, vielleicht sechs, aber auf keinen Fall mehr. Meine Mutter hatte darauf bestanden, die Diagnose ungeschminkt mitgeteilt zu bekommen.

Meinen Vater rügten sie, weil er meine Mutter noch Autofahren liess. Sie zeigten ihm ein Röntgenbild der Wirbelsäule und erklärten ihm, dass diese Wirbelsäule so zerfressen sei, dass sie physisch nicht mehr in der Lage sei, den Körper zu tragen. Das ist für mich die Logik von gewissen Ärzten, die ich nicht nachvollziehen kann. Da steht ein Mensch, läuft herum und fährt Auto, aber sie schauen aufs Röntgenbild und sagen «das ist gar nicht möglich». Anyway.

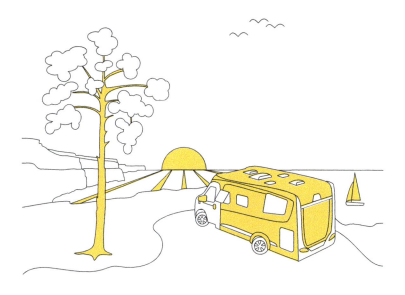

Was tat meine Mutter? Sie kam nach Hause. Sie verkroch sich drei Tage allein in ihrem Zimmer. Als sie rauskam, sagte sie zu uns: «Ok, ich habe es akzeptiert, es ist Zeit zu gehen. Ich weiss, dass ich gesund werden könnte, aber dazu müsste ich mein ganzes Leben umkrempeln und all die Dinge tun, die ich nie getan habe. Es lief nicht alles wie ich es wollte, aber ich bin zufrieden mit meinem Leben. Ich habe immer mein Bestes gegeben. Jetzt bin ich müde und gehe. Lieber komm ich dann wieder frisch zurück in einem gesunden Körper. Aber, so schnell nicht mit mir! Ich will vorher nochmal den Atlantik sehen.» Sie setzte sich ans Telefon, organisierte einen Camper und ging mit meinem Vater und meinem Bruder auf eine dreiwöchige Reise an die französische Atlantikküste. Die Hälfte der Strecke sass sie selber am Steuer. Was hatten die Ärzte schon wieder gesagt wegen der Wirbelsäule? Ich konnte nicht mitgehen, weil ich genau zu dieser Zeit einen neuen Job angenommen hatte und noch in der Probezeit war.

Interessanterweise waren nach der Diagnose die starken Schmerzen, die sie wochenlang geplagt hatten, deutlich zurückgegangen. Nach der Atlantikreise war eigentlich die Gnadenzeit die ihr die Ärzte zugesprochen hatten schon längst abgelaufen. Vier Monate später ging ich mit meiner Mutter auf 2000 Metern Höhe Skilaufen. Fünf Monate nach der Diagnose organisierte sie den 50. Geburtstag meines Vaters. Sie lebte insgesamt noch neun Monate und durfte den Umständen entsprechend relativ friedlich und zuhause sterben. Die Zeit am Sterbebett war eine intensive, höchst herausfordernde Zeit für uns alle. Wir haben alle miteinander gelitten, gerungen, wir haben uns dem Leben gestellt. Es war hart und schonungslos. Es tat weh, ich war nicht bereit, sie gehen zu lassen, aber es blieb mir nichts anderes übrig. Ich holte mir Hilfe bei einer Psychologin. Als ich in die erste Stunde kam, fragte sie mich als Erstes: «Haben Sie Ihrer Mutter die Erlaubnis gegeben, dass sie gehen darf?». Damit war die Therapie beendet. Ich hatte verstanden, das war alles, was ich wissen musste, um damit umgehen zu können. Ich lernte, dass es ein Akt der höchsten Liebe ist, wenn man den geliebten Menschen freigibt, das zu tun, was für ihn das Richtige ist. Ich lernte in dieser kurzen Zeit so unglaublich viel Wesentliches über das Leben und darüber, was zählt und worauf es ankommt. Mein Bruder und ich haben uns, nach all den vielen Jahren des endlosen Streitens, in dieser Phase endlich gefunden.

Mit ihrer Art und Weise mit der Diagnose umzugehen, hat mich meine Mutter auf eine lebenslange Forschungsreise geschickt. Wenn es möglich war, dass ein Mensch sich entscheiden kann, dass er nochmals den Atlantik sehen will, auch wenn die Ärzte behaupten, dass der Körper nur noch maximal vier Wochen zu leben hat, wenn dieser Mensch fünf Monate später Skilaufen geht und noch neun Monate lebt, dann musste es da etwas geben, das stärker war als physische Gesetze und medizinische Regeln. Mind over Matter. Ich entschloss mich nach diesem Erlebnis, dieser Schnittstelle zwischen Seele und Körper nachzugehen und zu erforschen, was da alles möglich ist, ob und wie das menschliche Bewusstsein Materie beeinflussen kann.

Ein wertvolleres Abschiedsgeschenk hätte meine Mutter mir nicht machen können.

Das Versprechen

Hat sie denn ihr Versprechen eingelöst? Das Versprechen auf dem Sofa beim Lesen von «Leben nach dem Tod»?

Na klar. Das erste Zeichen war, dass mein Bruder etwa drei Monate nach ihrem Tod zu mir kam und mir erzählte, die Mutter sei Zuhause gewesen. Sie sei durch den Garten und das Haus gegangen. Er hat sie nicht gesehen, aber klar gefühlt, und er spürte, wo sie durchging. Ich war total überrascht, vor allem, dass er mir das erzählte. Mein Bruder ist in vieler Hinsicht viel nüchterner und rationaler als ich. Wäre dieses Erlebnis nicht sehr eindrücklich gewesen, hätte er es kaum als «real» interpretiert. Ich selber jedoch hatte keine solche Erfahrung und ich dachte auch nicht mehr wirklich an unser Versprechen zurück.

Und dann geschah es. An einem schönen Sommersonntag, etwa ein Jahr nach ihrem Tod fühlte ich den ganzen Tag eine unerklärbare Erregung und Nervosität. Ich war mit Freunden beim Baden unterwegs, hatte aber ständig das Gefühl, dass ich eigentlich zuhause sein sollte. Warum konnte ich mir nicht erklären. Abends besuchte ich trotz des komischen Gefühls noch meine Freundin, die schwanger und allein zuhause war. Ich gab dann meinem inneren Druck nach und ging früher als sonst nach Hause. Als ich zur Haustür reinkam, von wo aus ich auf meine Wohnungstür im ersten Stockwerk raufsah, stellten sich meine Nackenhaare auf. Ich wusste, ich hatte Besuch. Und ich wusste, es war meine Mutter. Ich hatte keine Ahnung, was jetzt auf mich zukommen würde. Ich ging langsam die Treppen hinauf, öffnete mit angehaltenem Atem meine Wohnungstür und betrat mein Wohnzimmer. Da stand sie. Ich sah sie nicht, aber ich spürte sie sehr klar. Ich hätte die Umrisse ihrer Füsse zeichnen können. Sie stand bei meiner Balkontür, links von mir. Ich dachte, ich halte das im Kopf nicht aus. Es überforderte mich total. Ich spürte ihre Präsenz so stark, aber mein Verstand drehte durch, der hielt das nicht aus. Ich schaute weg von ihr, weil ich das Gefühl hatte, wenn ich länger dorthin schaue, würde ich sie auch noch visuell wahrnehmen und das überstieg meine Möglichkeiten. Also fing ich an mit ihr zu sprechen. Ich bedankte mich, dass sie gekommen sei und erklärte ihr, dass ich es nicht aushalte. Es tat mir weh, es tut mir heute noch weh, wenn ich dran denke, aber ich konnte nicht anders. Aber das Versprechen hatte sie eingelöst. Die Frage «Gibt es ein Leben nach dem Tod» habe ich damit als «beantwortet» abgehakt.

Ja, ich weiss, auch eine solche Erfahrung kann man rational und wissenschaftlich auseinandernehmen und als Einbildung oder sonst was interpretieren. Es gibt auch tausend und mehr solche Geschichten im Internet. Aber selbst sowas erlebt zu haben macht einen Unterschied. Was mir dabei auffiel, war, dass diese «Sicherheit», die das Erlebnis zur Folge hatte, sehr körperlich wahrnehmbar war. Das Gefühl hatte eine ähnliche Qualität wie das Gefühl bei der Erleuchtung im Kinderzimmer. Und es war mir in der Folge total egal, was «man» darüber denkt. Für mich war es ein schönes, tragendes Erlebnis, das mir das Gefühl gab, noch tiefer mit meiner Mutter verbunden zu sein.

Diese «körperliche» Wahrnehmung ist heute ebenfalls ein wichtiger Wegweiser und Informationsquelle. Ich nenne es die Weisheit des Körpers. Diese wird auch in der Kinesiologie befragt. Und in meiner systemischen Ausbildung hat man uns beigebracht, bei Coachings auf unsere Körperreaktionen zu achten, weil sie wichtige Hinweise geben.

Teil 2

Forschungs- und Integrationsjahre

In diesem zweiten Teil des Buches beschreibe ich die Zeit des Forschens, Experimentierens und Umsetzens dessen, was ich gelernt hatte. Der Umstieg von der Musik- in die Netzwerkbranche wurde zur Grundlage meiner Selbständigkeit und öffnete mir die Türen für die Entwicklung zur Beraterin für grosse Netzwerke und zur Fachbuchautorin. Ich beschreibe, wie ich die in meiner Jugend gemachten Erfahrungen umgesetzt, und Schritt für Schritt meinen weiteren Lebens- und Berufsweg gestaltet habe.

Mein Motto: «Was, das soll nicht möglich sein? Dann lass mich das mal ausprobieren.»

Nach dem Abschied von meiner Mutter fing eine völlig neue Lebensphase an. Ich hatte in einer unglaublich herausfordernden Erfahrung sehr viel über das Leben gelernt. Ich hatte erfahren, wie die Frage, was denn wirklich wichtig ist im Leben, aus der Sicht von jemandem beantwortet wird, der grad dabei ist, sich zu verabschieden. Nun war ich auf mich selbst gestellt. Das fühlte sich nach viel Freiheit aber auch nach viel Verantwortung an.

Wie im ersten Kapitel «Lehr- und Wanderjahre» beschrieben, gab es in meiner Kindheit einige nahrhafte Themen. So nahrhaft sie jedoch waren, heute habe ich meinen Frieden damit gemacht. Es plagt mich nicht mehr. Es war einfach so und braucht jetzt keine Energie mehr. Es gab natürlich auch viele schöne Erlebnisse, mit deren Beschreibung ich hier gut noch ein paar Seiten füllen könnte. Aber ich wollte ja keine Autobiografie schreiben. Es ist mir auch bewusst, dass Erinnerung alles andere als objektiv ist. Unser Gedächtnis hat so seine Filter. Die beschriebenen Erinnerungen kamen spontan in den Vordergrund und haben ihren Weg in dieses Manuskript gefunden, weil ich die Erfahrungen aufzeigen wollte, die mich geprägt und zu dem Menschen gemacht haben, der ich heute bin. Ich habe sie so beschrieben wie ich mich heute daran erinnern kann. Wenn ich mich zum Beispiel heute mit meinem Bruder über unsere Kindheit zuhause unterhalte und wir uns gegenseitig beschreiben, wie wir sie erinnern, dann haben wir jeweils das Gefühl, wir seien in zwei unterschiedlichen Elternhäusern aufgewachsen. Dazu gleich mehr im nächsten Abschnitt.

Meine Forschungsreise

Meine Forschungszeit hatte den Zweck, die Welt für mich zu entdecken, meine eigene Wahrheit zu finden. Das hiess für mich, Nichts einfach zu übernehmen sondern alles zu hinterfragen und herauszufinden, ob es nachvollziehbar ist und ob es für mich Sinn macht. Ich hatte damit schon angefangen, als ich in der Pubertät all die Bücher las, insbesondere die Bücher über ein mögliches Leben nach dem Tod.

> *Mein Ansporn, das so ausführlich zu betreiben kam wie erwähnt von der Tatsache, dass mein Vater mich schon im zarten Kindesalter mit der Tatsache konfrontierte, dass es ganz unterschiedliche Weltanschauungen gibt. Aus meiner heutigen Sicht würde ich sagen, er war schon recht «integral» unterwegs, in dem Sinne wie ich das heute verstehe. Und er hat es mir sozusagen fast in die Wiege gelegt. Heute sag ich Tausend Dank dafür.*

Funktioniert Astrologie? Gibt es Gott und gab es diesen Jesus wirklich oder ist das nur eine erfundene Geschichte? Ist es möglich, dass wir unseren Körper über den Geist beeinflussen können? Gibt es ein Leben nach dem Tod? Mittlerweile hatte es mein Vater geschafft, aus mir eine Atheistin zu machen. Seine Sprüche hiessen «Religion ist gut für Menschen, die das Leben ohne sie nicht aushalten.» oder «Ich will nicht an eine Religion glauben, wo ich erst nach dem Tod herausfinde, ob es stimmt oder nicht.» Ich war mittlerweile ebenso stolz, eine unabhängige Denkerin zu sein. So sah ich das zumindest in der Zeit.

Ich begann damit, Regeln für meine Forschungstätigkeit zu definieren. Klar war, dass ich mich mit den Fragestellungen vertieft auseinandersetzen wollte, um mir eine eigene Meinung bilden zu können. Weiter wollte ich, wenn immer möglich, alles selber ausprobieren, eigene Erfahrungen machen. Im Zusammenhang mit dem Thema Religion beschloss ich, dass die Kraft und Wahrheit im heutigen Leben erfahrbar sein muss und zwar nicht nur zu Schönwetterzeiten, sondern auch, oder gerade erst recht, in schwierigen Zeiten.

Wo wollte ich denn beginnen? Ich beschloss mit dem Thema Astrologie zu starten.

Was kann denn Astrologie?

Da gab und gibt es viele Leute, die finden Astrologie absoluten Humbug und andere, die schwören drauf. In beiden Lagern gab es Menschen, die ich sehr respektierte, die gut gebildet und erfolgreich im Leben unterwegs waren. Also wäre es zu einfach gewesen, zu sagen, die Dummen glauben an Astrologie und die Gscheiten wissen es besser...

Aber wie könnte ich mich jetzt dieser Frage nähern, sodass ich am Schluss zu einer für mich klaren Antwort kam? Ich beschloss, meinen Grundsatz der eigenen Erfahrung anzuwenden. Ich sagte mir, wenn diese Astrologie was taugt, dann müsste ich im Horoskop aller meiner nahen Familienmitglieder klare Hinweise auf den Unfalltod meiner Schwester finden. Schliesslich war das für alle ein einschneidendes Erlebnis. Der «Zufall» wollte, dass es in der Schallplattenfirma, wo ich zu der Zeit arbeitete, einen Arbeitskollegen gab, der ein gut ausgebildeter Astrologe mit viel Erfahrung war.

Er öffnete mir die Türen zu dieser Welt. Wir erstellten also die Horoskope von meinen Eltern, meiner Schwester, mir selber und meinem Bruder. Es war teilweise nicht ganz einfach, an die Geburtszeiten heranzukommen, aber ich liess nicht locker und beschaffte mir alle Daten. Dann ging das Studium los. Meine intensive Forschungszeit dauerte rund zwei Jahre. Sehr bald wurde klar, dass sich die Aussagekraft eines Horoskopes nicht einfach unter den Tisch reden lässt. Wenn das so gewesen wäre, hätte ich auch nicht weiter geforscht. Die billige Banalastrologie wie ich sie nenne, die wir täglich in Magazinen finden, verleitet zum Irrglauben, ein Horoskop könnte uns sagen, wann wir uns verlieben, viel Geld machen, Kinder kriegen, krank werden oder sterben. Das ist zu einfach. Wenn ein Astrologe so etwas in Aussicht stellt, sollte man einen weiten Bogen um ihn machen. Was ich lernte, war viel mehr, als ich erwartet hatte.

Es erschloss sich mir eine Welt vielseitiger Inspiration. Ich lernte, dass mein Geburtshoroskop mir sehr viel Information über meine Grundstruktur, meine Möglichkeiten und Anlagen, aber auch über meine blinden Flecken und Schwierigkeiten oder mein grösstes Entwicklungspotential geben kann. Selbstverständlich nur, sofern es mir von einem Astrologen erklärt wird, der auch das nötige

Verständnis dafür hat. Und ja, ich fand im Horoskop von uns allen klare Indizien für dieses einschneidende Erlebnis. Was ich dabei vor allem lernte war, dass jeder Mensch seine eigene Art und Weise hat, die Realität zu erleben und sich damit zurechtzufinden. Das liess sich am Horoskop und an der Betrachtung der Konstellationen zu diesem Unfallzeitpunkt und der Zeit danach klar nachvollziehen. Ich lernte zum Beispiel, dass man in einem Horoskop auch sehen kann, wie ein Kind seine Eltern erlebt. Das Horoskop des Kindes sagt nicht aus, wie die Eltern sind, aber wie das Kind die Eltern erlebt. Und so verstand ich jetzt aus dieser Perspektive, wie es möglich war, dass mein Bruder meine Eltern so völlig anders wahrgenommen hat als ich. Durch die Symbolik im Horoskop konnte ich auch nachvollziehen, wie sein Bild von unseren Eltern entstand.

Die Erkenntnis, dass jeder Mensch seine subjektive Realität hat, war für mich der grösste Schatz aus dieser astrologischen Forschungszeit. Es schulte meine Fähigkeit, Situationen aus unterschiedlichen Perspektiven zu betrachten und mir der Relativität und meinen Bewertungen bewusst zu werden. Gleichzeitig konnte ich die Frage bezüglich der Tauglichkeit von Astrologie ad acta legen. Ich wusste nun, dass Astrologie eine wertvolle Informationsquelle sein kann, und ich hatte ein Gefühl dafür entwickelt, welcher Art die Aussagen sind und wann es hilfreich sein kann, ein Horoskop zu konsultieren.

Heute setze ich Astrologie teilweise auch im Organisationsumfeld als zusätzliche Informationsquelle ein. Dabei lassen sich auch die Dynamiken und Interaktionen zwischen dem Organisationshoroskop und Führungspersonen oder Mitarbeitern betrachten. Auch die Betrachtung von nationalen oder globalen Ereignissen kann sehr spannend sein. Ein aktuelles Beispiel ist die Betrachtung des Horoskopes von Amerika. Dort findet gerade eine langfristige Konstellation statt, die nur rund alle 250 Jahre eintrifft (Zeitpunkt ab Februar 2022) und auf fundamentale Veränderungen hinweist. Wenn man die astrologischen Symbole versteht, wirft das ein interessantes Licht auf die aktuellen Ereignisse.

Die Sache mit Jesus

Nach zwei Jahren in der Schallplattenfirma liess ich mich von meinem damaligen Freund überreden, mich beim Tonstudio Powerplay in Maur zu bewerben. Den Job in der Schallplattenindustrie hatte ich mir ursprünglich gesucht, weil ich vorhatte, in meinem Dorf im Säuliamt einen Schallplattenladen zu eröffnen. Ich sah, wie jeden Samstag Heerscharen von jungen Menschen aus Zürich zurück ins Dorf kamen, mit Jecklin Plastiktaschen und Schallplatten drin. In meinem Drang nach Unabhängigkeit dachte ich, es könnte eine gute Idee sein, in dem Dorf einen Schallplattenladen zu eröffnen. Meine Seite, die gern strukturiert vorgeht, schlug dann vor, dass ich mir vorher etwas Branchenknowhow erarbeite, um nicht gleich eine Bruchlandung zu erleben. Wo geht das besser als in einer Plattenfirma? Dies alles hatte ich mir auf dem Deck eines Schiffes während meiner Ferien in der Ägäis ausgedacht. Ich blickte stundenlang übers Meer, begleitet von einem Delfin, der in den Wellen des Schiffes tanzte und überlegte mir, wie ich mein Arbeitsleben verbringen möchte.

Nach dem Gymnasium hatte ich eine Handelsschule besucht, um auch noch etwas Handfestes zu lernen, mit dem ich meinen Lebensunterhalt verdienen könnte. Während des Abschlusses meiner Handelsschule arbeitete ich parallel in der Marketingabteilung von 3M Schweiz, just zu der Zeit als die erste Generation Post-it Notepads auf den Markt kam. Eine sehr interessante und lehrreiche Erfahrung. Auf dem Schiff in Griechenland jedoch wurde für mich sehr deutlich, dass es nicht der Kern meiner Leidenschaft war, mein Leben lang Marketing für Post-its und Schleifmittel zu machen. So schweiften meine Gedanken zu den Jecklin Plastiktüten, und die Idee des Schallplattenladens nahm Gestalt an. Bis unser Schiff in Athen anlegte, war mein Plan, mir als Vorbereitung einen Job in der Plattenindustrie zu suchen, gereift. Als wir am nächsten Morgen ins Flugzeug nach Zürich einstiegen, drückte mir die nette Stewardess den Tagesanzeiger in die Hand, die Samstagsausgabe mit Stellenanzeiger. Ich blätterte durch, und da stand: «Führendes Unternehmen der Schallplattenindustrie sucht Promotionassistentin». Das war mein Job! Instantaneous Manifestation! Ich hatte keine Zweifel, dass ich den Job kriegen würde.

Ungeduldig wartete ich auf den Montag morgen, um anrufen zu können. Ich ignorierte, dass im Inserat stand «schicken Sie ihre Bewerbungsunterlagen...». Voller Freude rief ich am Montag morgen früh an und bat darum, mit dem genannten Herrn, Leiter der Promotionabteilung, verbunden zu werden. Der lässt mich meinen ersten Satz von wegen Bewerbung nicht fertig aussprechen und poltert mich aufs Schlimmste an. «Ja können Sie denn nicht lesen, da steht, Sie sollen die Unterlagen einschicken». Er war richtig wütend, und ich dachte, oh mein Gott, jetzt hab ich verloren. Aber das war doch meine Stelle, das konnte ja nicht sein. Also nahm ich meinen ganzen Mut zusammen und sagte «ja tut mir leid, ich dachte, die könnte ich Ihnen gleich mitbringen, wenn ich mich morgen vorstellen komme». Ich weiss nicht mehr genau, wie das Telefon weiter ging. Auf jeden Fall erhielt ich meinen Vorstellungstermin. Und den Job bekam ich auch wie durch ein Wunder. Ich hatte damals eine Schallplatte von Jackson Browne, die hatte mir der ältere Bruder von Lars geschenkt. Als die mich fragten, was ich für Musik höre, sagte ich «verschiedenste Stile, u.a. Jackson Browne». Das war die glückswendende Antwort. Damals war Jackson Browne kaum bekannt hier und für die Leute, die bei Warner Brothers arbeiteten, war das ein Geheimtipp. Dass ich ihren Geheimtipp kannte, hat sie beeindruckt. Dass dies fast die einzige Schallplatte war, die ich damals besass, habe ich niemandem erzählt. Und von wem meine zweite Schallplatte war, das sag ich heute noch niemandem.

Die zwei Jahre Schallplattenfirma waren spannend, intensiv und höchst abwechslungsreich. Ich lernte dabei auch, dass das mit dem Schallplattenladen nicht so ein einfaches Business ist. Kleine Margen, wenig unternehmerischer Spielraum, hohes Risiko. Die Perspektive, ins Tonstudio Powerplay als Assistentin des Studio Managers zu wechseln, sah viel attraktiver aus: näher an die Quelle der Foodchain.

Das Studio gehörte zwei Tonmeistern, die bereits lange Zeit gemeinsam ein Studio in Horgen geführt hatten. Nun hatten sie am schönen Greifensee ein brandneues Studio gebaut. Das Spezielle daran war, dass die meisten Tonstudios in bestehende Gebäude eingebaut werden und dann versucht wird, eine möglichst gute Akustik hinzukriegen. Dieses Haus jedoch war vom Fundament an als Tonstudio konzipiert, und somit wurde beim Bauen die Akustik mitberücksichtigt. Ich wurde als Assistentin des Studio Managers des neu eröffneten Studios eingestellt. Da lernte ich auch Ron kennen, der dort als Freelance Tonmeister arbeitete.

Wir verliebten uns und waren vier Jahre zusammen. Das waren vier prägende Jahre, die mir sehr gut getan haben. Er lebte in einem kleinen Knusperhäuschen mit Blick über den Zürichsee. Sehr einfach und natürlich, auch die Umgebung. Wir hatten einen Wildgarten mit zwei grossen Obstbäumen, darunter stand ein einfacher Holztisch, an dem wir bei schönem Wetter unsere Mahlzeiten mit Blick auf See und Uetliberg zu uns nahmen.

Das erste Geschenk von ihm war, dass ich das erste Mal erlebte, wie es ist, wenn man sich zuhause fühlt. Zuerst spürte ich einfach, dass er sich da ein Nest gebaut hatte, in dem es ihm total wohl war, wo er eben zuhause war. Ich verbrachte meine erste Zeit mit ihm damit, ihn zu beobachten und herauszufinden, wie das ist, wenn man sich zuhause fühlt. Ich schaute es ihm sozusagen ab und konnte immer mehr von dem Gefühl in mir entwickeln. Mit der Zeit fühlte ich mich dort auch dann zuhause, wenn er nicht da war. Das war Steigerung eins. Gelegenheit zum üben hatte ich viel, er übernahm häufig grössere Produktionen im Studio und hatte manchmal wochenlang Arbeitszeiten, die am Nachmittag anfingen und bis in den frühen Morgen hinein dauerten. Die Amerikaner kamen in die Schweiz zum Aufnehmen, ohne ihre Zeitzone zu verschieben. So verbrachte ich viele Abende allein und hatte alle Gelegenheit um «Zuhause Sein» zu üben.

Als ich das erste Mal bei Ron übernachtet hatte, registrierte ich (mittlerweile von meinem Vater als stolze und unabhängige Atheistin geprägt) mit kleinem Unbehagen, dass auf seinem Nachttisch eine Bibel lag. Ich stellte meine inneren Borsten auf und wartete, bis er die erste Bekehrungsattacke starten würde. Meiner Meinung nach war das etwas, das Christen einfach tun. Ich wartete vergebens, kein Wort. Mit der Zeit stellte ich mit Beruhigung fest, dass die Bibel immer am gleichen Ort lag und etwas Staub anlegte. Also entspannte ich mich wieder.

«Dass Jesus gelebt hat ist für mich so sicher, wie dass wir beide hier an einem Holztisch sitzen und zusammen essen.» Aus dem Nichts kam dieser Satz, als wir eines Abends unter dem schönen

Baum am Holztisch zum Essen sassen. Ich weiss nicht mehr, wie wir auf das Thema Jesus gekommen waren. Nach diesem Satz wechselte er das Thema. Autsch, das sass. Ich war froh, hatte Ron das Thema gewechselt, mein Hirn arbeitete auf Hochtouren und ich brauchte Zeit, um mich zu sammeln. Es verunsicherte mich zusätzlich, dass er scheinbar kein Bedürfnis verspürte, mich von seiner Sicherheit zu überzeugen. Da war etwas geschehen, was ich so nicht für möglich gehalten hätte. Da sass ein Mensch vor mir, den ich als intelligent, humorvoll, vernünftig, kreativ und im Leben gut verankert kennengelernt hatte. Und dieser behauptete allen Ernstes, dass es für ihn eine Gewissheit sei, dass Jesus gelebt hätte. Dem musste ich nun nachgehen. Wenn das möglich war, dann wollte ich das herausfinden. Wir verbrachten den Rest des schönen Abends mit netter Konversation und ich beschloss, mir jetzt einen Plan zu machen, wie ich das Thema angehen wollte. Das war der Start meines nächsten Forschungsprojektes.

Mein Vater hatte immer gepredigt, eine Religion, bei der man erst nach dem Tod herausfinden kann, ob es stimmt, sei für ihn nichts wert. Diesen Grundsatz hatte ich übernommen. Wenn es ein Glaubenssystem geben sollte, das für mich nachvollziehbar und stimmig war, dann war dies eines der Hauptkriterien. Es muss mir helfen, im Hier und Jetzt, und zwar nicht bei schönem Wetter, sondern gerade dann, wenn es mir nicht gut geht.

Unter Anwendung meiner Forschungsregeln machte ich folgenden Plan: Ich ging ins Haus der Bibel und liess mich ausführlich beraten. Schlussendlich kaufte ich eine englische Thompson Chain Reference Bibel basierend auf der King James Übersetzung, eine sogenannte «Red Letter Edition». Das bedeutet, dass im neuen Testament alle Worte die Jesus gesprochen hat rot gedruckt sind. So kann man sich einfach durch seine Worte lesen, ohne sich mit den Ausschmückungen und Interpretationen rundherum beschäftigen zu müssen. Weiter hat die Bibel ein indexiertes Referenzsystem, mithilfe dessen ich mich themenzentriert durchs ganze Buch bewegen und alle Textstellen zu einem bestimmten Thema auffinden kann. Das kam meinem eher rationalen Forschergeist sehr entgegen.

Der erste Schritt in meinem Plan war, alle roten Stellen im Neuen Testament zu lesen. Dabei zu versuchen, alles zu vergessen, was ich je «über» die Bibel und Jesus gehört hatte. Und weiter das, was da steht, in erster Linie wörtlich zu nehmen. Ich las seine Worte mit der Frage, was ich denn für ein Mensch wäre, wenn ich so leben würde, wie er es gesagt hat. Und weiter noch, ich beschloss, wenn ich anfing zu lesen, das erste Mal das Buch feierlich in die Hand zu nehmen, es sich öffnen zu lassen und zu schauen, was für eine Textstelle mich als erstes anspringt. Und los gings!

Bibel aufklapp, «und alle diese Dinge werdet ihr auch tun und noch grössere, denn ich gehe zum Vater im Himmel». Das konnte ja heiter werden. Also wörtlich nehmen, oops, was bedeutet das? Was hat er denn getan? Er hat geheilt, Tote ins Leben zurückgeholt, ist übers Wasser gelaufen, hat Wasser in Wein verwandelt, Brot und Fische für tausende von Menschen gezaubert... und vieles mehr. Also wörtlich? Hhhmmmmm.

Erste Zweifel kamen auf, ob es vielleicht besser wäre, das Projekt gleich wieder abzubrechen. Andererseits, wenn das wahr wäre, das wäre ja unglaublich. Also dran bleiben, nicht bei der ersten Hürde aufgeben. Es folgten zwei Jahre intensivsten Bibelstudiums. Ich verbrachte die Abende und Wochenenden, an denen Ron mit den Amerikanern im Tonstudio war, mit Bibelstudium in seinem Zuhause. Die Referenzbibel machte es mir leicht. Ron freute sich über mein neues «Hobby», aber ich diskutierte nicht viel mit ihm über meine Fragen und Erkenntnisse. Ab und zu holte ich mir seine Sichtweise zu etwas ab, aber das wars dann schon. Und noch etwas half: die englische King James Bibel. Jetzt sind wir wieder bei meinem Thema Sprache und Bewusstsein. Meine Kenntnisse in Altgriechisch waren nicht mehr ausreichend, dieses Experiment mit der griechischen Version durchzuführen. Die Thompson Chain Bibel hatte ich wegen der Referenzen und der Red Letter Edition gewählt. Aber beim Intensivstudium fand ich heraus, dass gewisse Aussagen und Geschichten in Englisch eine viel tiefere und reichere Bedeutung für mich eröffneten, als wenn ich sie in der deutschen Übersetzung las.

Getreu meinem Motto, dass ich alles an mir ausprobieren will und es funktionieren muss, fing ich nach einer gewissen Zeit einen Dialog mit Jesus an. Also eigentlich einen Monolog. Aber aufgrund dessen, was er erzählt hatte, müsste ein Dialog möglich sein. Also begann ich das eher seltsame Experiment mit einem Wesen zu reden, dessen Existenz ich grundsätzlich in Frage stellte. Und ich nahm kein Blatt vor den Mund. Ich fand, wenn er das alles ernst meinte, dann müsste er unkompliziert und direkt ansprechbar sein und mich auch in meinem Menschsein, Hadern und Zweifeln verstehen und dort abholen. Ich fand, wenn ich mir schon all die Mühe gebe, ihn zu finden, falls er denn existierte, dann könne er mir auch entgegenkommen. So bat ich ihn um ein klares Zeichen, klar auf eine Art und Weise, dass ich es verstehen würde. Es hat meine ganze Hartnäckigkeit gebraucht, hier dranzubleiben. Der Monolog dauerte rund ein halbes Jahr. Und dann kam das Zeichen. Unmissverständlich und für mich diskussionslos sonnenklar. Er hat mir ein kleines aber deutliches Wunder beschert. Das Erlebnis wurde begleitet von diesem Gefühl des körperlichen Wissens, dem zu trauen ich gelernt hatte.

Während der zwei Jahre Bibelstudium schützte ich mich noch mit einer weiteren Regel. Ich klammerte bewusst alle anderen Religionen, Philosophien und Informationsquellen aus. Ich verhielt mich zwei Jahre lang gezielt und freiwillig «fundamentalistisch». Nicht weil ich das als heilbringend betrachte, sondern weil es mir als wichtige Voraussetzung erschien, um mir den nötigen Boden innerhalb dieses Systems zu erarbeiten, der mir dann erlaubte, frei zu werden, meine Perspektive wieder zu erweitern.

Nach der fundamentalistischen Phase

Meine fundamentalistische Bibelphase kam zu einem Ende, als ich etwa zwei Jahre später von einer guten Freundin das Buch «Leben und Lehren der Weisen aus dem fernen Osten» von Baird Spalding erhielt, ein Tagebuch einer dreijährigen Reise elf kalifornischer Wissenschaftlern, die 1894 den fernen Osten besucht haben. Das Buch kam zur rechten Zeit, ich war bereit und reif, meinen Forschungshorizont wieder zu erweitern.

Die Grossen Meister des Himalayas traten mit den Wissenschaftlern in Beziehung und gaben ihnen Gelegenheit, die sogenannten «Wunder» mit ihren wissenschaftlichen Methoden zu untersuchen. Sie begleiteten diese Meister, teilten ihr Leben und hatten Gelegenheit in Alles einzutauchen, mit eigenen Augen zu beobachten und zu hinterfragen. Sie begannen ihre Reise als totale Skeptiker und kehrten zurück als Überzeugte. Drei von ihnen blieben mit der Absicht in Indien, so lange dort zu leben, bis sie imstande wären, die Werke der Meister selber zu vollbringen.

Im Vorwort des Buches schreibt Baird Spalding:
«Die Meister bekennen sich zu der Auffassung, dass Buddha den Weg zur Erleuchtung darstellt; sie sagen aber klar und deutlich, dass Christus die Erleuchtung ist, oder — anders gesagt — ein Bewusstseinszustand, den wir alle zu erreichen suchen: das Christusbewusstsein.»

Diese eine Aussage im Vorwort allein stellt bereits die weit verbreitete «entweder-oder» Sichtweise, die zu sovielen unnötigen religiösen Kriegen geführt hat, in Frage.

Und weiter im ersten Kapitel:
«Es besteht eine auffallende Ähnlichkeit zwischen dem Leben und den Lehren Jesu von Nazareth und demjenigen dieser Meister, wie sie es in ihrem täglichen Leben exemplifizieren.
Man würde es nicht für möglich halten, dass sich ein Mensch alles das unmittelbar aus dem All verschaffen kann, was er für sein tägliches Leben nötig hat; dass er den Tod überwindet und die manchen sogenannten Wunder vollbringt, die Jesus vollbrachte, als er auf Erden war. Die Meister geben den Beweis, dass alle diese Dinge zu ihrem täglichen Leben gehören. Alles, was zu ihren täglichen Bedürfnissen gehört, verschaffen sie sich direkt aus dem Universum, einschliesslich Nahrung, Kleidung und Geld. Sie haben den Tod in einem solchen Grade überwunden, dass manche von ihnen schon seit mehr als fünfhundert Jahren leben, wie es unwiderlegbar aus ihren Aufzeichnungen sich erwies.»

Und wieder öffneten sich mir durch die Lektüre neue Welten. Ich entwickelte mit diesen Erkenntnissen weitere Kriterien für meine Forschungen. Ich fand soviele Übereinstimmungen, ähnliche Muster, sich gegenseitig bestärkende Tatsachen, dass ich immer mehr anfing, nach Gemeinsamkeiten statt nach Unterschieden zu fragen. Wenn ich die Essenz nehme von dem, was ich in meiner Auseinandersetzung mit der Astrologie und der Bibel gelernt habe und dann mit diesem Verständnis das Buch von Baird Spalding lese, mit all den Weisheiten und Erläuterungen, die die Grossen Meister den Wissenschaftlern weitergegeben haben, so erkenne ich ein unglaublich grosses Vernetztsein von allem. Es ist wie eine Ahnung von dem Grossen Einen, von dem wir alle Teil sein sollen. Und es ist ein «Wissen», das sich nicht mehr rein rational erklären lässt, sondern körperliche und emotionale Komponenten hat.

Meine grösste Enttäuschung war, als ich später rausfand, dass Spalding gar nie in Indien war. Ich war nahe dran, diesen Abschnitt zu streichen. Aber halt!

Das Buch, 1924 veröffentlicht, wurde zu einem Bestseller und verkauft sich heute noch gut. 1924 war die Zeit nachdem Einstein die Relativitätstheorie veröffentlich hatte aber noch bevor Heisenberg und Kollegen 1927 die Quantenmechanik definierten. Die Darstellung von fiktiven Themen geistiger Natur im Stil von wissenschaftlichen Expeditionen in ferne Länder und Entdeckungen seltener Dokumente war um die Jahrhundertwende ein beliebtes Genre.

In den Jahren nach seinem Tod im Jahre 1953 und trotz des Mangels an unterstützenden Beweisen für seine Geschichten, wurde Spalding ein wichtiger Einfluss auf alternative Religionen und New-Age-Gedanken. Betrachtet man Spalding und sein Werk aus kultureller, historischer und anthropologischer Sicht so war er ein Visionär und schaffte es, ein Denken, eine Sichtweise zu verbreiten, die die engen Grenzen normaler religiöser Überzeugungen sprengte und einen wichtigen Samen legte für ein erweitertes Verständnis der Realität. Er erinnerte mit einem Funkeln in den Augen, dass die Wahrheit oft viel seltsamer ist als die Fiktion, und nahm mit seinen Vorstellungen viele heute mittlerweile wissenschaftlich bewiesene, fundamental neue Erkenntnisse vorweg.

Spalding hatte ein Verständnis dafür, dass der Mensch sich aus dem Universum alles verschaffen kann, was er braucht, dass der Mensch den Tod überwinden kann und dass er selbst all die Wunder vollbringen kann, die Jesus vollbracht hat. Für mich zeigte dieses Buch unter anderem, dass ich richtig lag und ich die Worte Jesu aus der Bibel wörtlich nehmen kann. Das wirft ein interessantes Licht auf die erste Textstelle, auf die mein Auge beim ersten Öffnen der Bibel fiel (und diese Dinge werde Ihr auch tun und noch Grössere...). Könnte das also tatsächlich wahr sein? Möglicherweise weit über den engen christlich religiösen Bezugsrahmen hinaus. Es schien sich um universelle Wahrheiten zu handeln, die einem Jesus genauso zur Verfügung standen, wie einem Buddha oder anderen Weisen.

Und noch etwas beflügelt mich bei diesen Überlegungen: Wenn es wahr ist, dass wir Menschen in der Lage sind, aus dem All alles zu schöpfen und zu erschaffen, was wir zum Leben brauchen, so führt das zur Befreiung.

Unser ganzes heutiges Weltbild, unsere politischen und wirtschaftlichen Systeme, bauen auf der These des Mangels auf. Mangel führt zu Angst. Angst, dass für mich nicht genug da ist. Alle Systeme, die uns manipulieren oder ausbeuten wollen, arbeiten mit dieser Angst.

Der Mangel scheint jedoch aus dieser Sicht eine Illusion zu sein. Das Gegenteil ist wahr, wir leben eigentlich in einer Welt der Fülle. Und somit ist die Angst nicht mehr nötig. Ein Mensch der keine Angst hat, ist nicht manipulierbar. Ich beschloss, mich dem Thema Angst zu stellen, herauszufinden, was es für mich und für das Kollektiv bedeutet und wie wir uns aus seiner Klammer befreien können. Mehr dazu im dritten Teil «Die Ernte».

Mein Gottesbild

In mir entstand durch all diese Nachforschungen ein Bild, das für mich bis heute sehr stimmig ist. Wenn es Gott gibt, dann ist er der Schöpfer von allem und wir sind alle Teil dieses Ganzen. Diese Wahrheit ist so gross, dass unser rationaler Verstand sie nicht nachvollziehen kann. Auf die Kapazität unseres rationalen Verstandes komme ich im dritten Teil im Kapitel «Wir wissen, dass wir nichts wissen» nochmals zurück. Die Wahrheit ist nicht beschreibbar (definieren heisst «begrenzen»), geschweige denn erklärbar. Jedes Volk hat seine Wahrnehmungsfilter, entsprechend seiner Geschichte und seiner Kultur und nimmt die Wahrheit, durch seine kulturellen Filter wahr. Es beschreiben alle das Gleiche, aber es sieht anders aus, weil sie es aus einer anderen Perspektive ansehen und interpretieren. So wie mein Bruder und ich unser Elternhaus total unterschiedlich beschreiben.

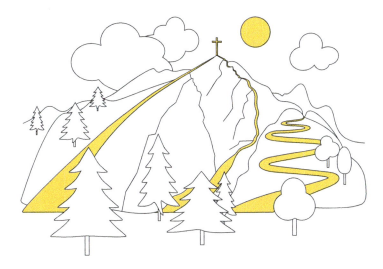

Das Bild ist das Bild des höchsten Berges. Jedes Volk will auf die Spitze dieses Berges, um die Wahrheit zu erkennen. Jedes Volk geht einen anderen Weg auf diesen Berg. Es beschreibt seinen Weg, der seiner Ansicht nach zu Gott führt, und dieser unterscheidet sich von der Beschreibung der Anderen. Jeder will Recht haben und beruft sich auf die «Vollständigkeit» und «Objektivität» seiner Wahrnehmung. Wenn sie alle oben ankommen, werden sie alle die gleiche Aussicht haben und auf allen Seiten zurück auf ihren Weg herunterschauen können und herausfinden, dass die Unterschiede nur aufgrund der verschiedenen Wege vorhanden waren. Gipfel gibt es nur einen. Wahrheit gibt es nur ein. Sie ist allumfassend und nicht beschreibbar, nur erlebbar. Und wer sie erlebt hat, streitet nicht mit anderen um Wahrheit und Recht haben.

Wie ich zum Kind kam

Ich war überzeugt, dass ich nie Kinder haben wollte. Sehr überzeugt. Es gab zwei Gründe. Der erste und offizielle Grund war, dass ich dachte, ich sei dafür viel zu egoistisch. Ich liebte mein unabhängiges Leben, leicht am Rande der Norm (Musikbranche) und die Unregelmässigkeiten und Aufregungen, die ein solches Leben mit sich brachte. Mich auf den Rhythmus eines Kindes einzustellen und diesen über Jahre als meinen Haupttaktgeber anzunehmen war unvorstellbar. Inoffiziell gab es noch einen zweiten Grund, und der war, dass ich panische Angst vor Schwangerschaft und Geburt hatte.

Die Zeiten meiner täglichen Panikattacken waren noch nicht so weit weg. In meiner Vorstellung löste der Gedanke an eine Schwangerschaft durchaus so etwas wie eine Panikattacke aus. Eine Geburt traute ich mir schon gar nicht zu. Das würde ich nicht durchstehen.

Klare Position, keine Zweifel. In meiner Beziehung mit Ron war Kinderkriegen auch kein Thema. Und dann kam eine unerwartete Wende. Im Rahmen der Beziehung mit Ron entwickelte ich dieses Gefühl von «zuhause sein» in mir. Ich fühlte mich erstmals im Leben einigermassen aufgehoben und geerdet (für meine damaligen Verhältnisse geerdet). Mit der Zeit hatte ich mir eine eigene Wohnung genommen, an dem Ort wo wir beide im Tonstudio arbeiten. Die hatte ich mir selber eingerichtet, das war Ausbauphase zwei meines Versuchs zu lernen, zuhause zu sein. Zuerst ging es bei ihm, wenn er zuhause war, dann lernte ich, mich bei ihm zuhause zu fühlen, auch wenn er nicht da war, und jetzt richtete ich mir eine eigene Wohnung ein und lernte, mich hier zuhause zu fühlen. Wir lebten dann in beiden Wohnungen, wenn wir viel arbeiteten und er späte Sessions hatte, waren wir in meiner Wohnung und sonst häufig in seiner.

Mein Gesinnungswandel bezüglich eines eigenen Kindes muss damit im Zusammenhang stehen. Heute, rückblickend betrachtet, denke ich, dass «zuhause sein» vor allem ein inneres Thema ist. Die Zeit der Panikattacken war eine Zeit, wo ich nicht wirklich «in meinem Körper» präsent war. Durch die Atemtherapie habe ich meinen Körper immer bewusster angenommen und «bewohnt». Damit war es auch möglich, dass ich mich im Aussen, in der Wohnung, in der

Welt, mehr zuhause fühlte. Ich bin auch heute noch laufend dabei, meine Beziehung zu meinem Körper bewusster zu machen, um ein paar chronische Themen zu lösen. Und ich erlebe immer wieder, dass wenn ich mir ein Stück meines Körpers bewusster zugänglich mache, das Gefühl entsteht, mein Haus hat mehr Raum, wird grösser und ich fühl mich freier. Wie innen so aussen. Aus diesem neuen Lebensgefühl heraus muss der Wunsch entstanden sein, Mutter zu werden und ein Kind zu bekommen.

Eigenartigerweise, als mir dies klar wurde und ich mir‚diesen Wunsch zugestand, war mir auch sofort völlig klar, dass Ron nicht der Vater sein würde. Ich hatte keine Ahnung woher das kam, aber es war sehr klar und das Wissen hatte wieder diese körperliche Komponente.

Was sollte ich denn jetzt tun? Ron und ich hatten eine intakte Beziehung. Es gab keinen Grund für eine Trennung, weder von meiner, noch von seiner Seite. Unsere Freunde nahmen uns als Traumpaar wahr. Wir hatten eine schöne und freie Beziehung, wo jeder sich selber sein durfte. Und zu sagen «ich will mich von Dir trennen weil ich ein Kind möchte und Du nicht der Vater bist» – etwas komisch nicht? Es war nicht so, dass ich fand er würde kein guter Vater sein. Ich wusste einfach, er passt nicht als Vater «meines» Kindes. Das ist ja ein Deal zu dritt. Ich wartete ab und hoffte auf eine Lösung. In der Zwischenzeit hatte ich einen Riesenstress, weil ich um keinen Preis von ihm schwanger werden wollte. Da mein Körper schon früh die Pille verweigert hatte, war das nicht ganz unkompliziert.

Ron wusste nichts von meiner Wandlung und meinen inneren Kämpfen. Aber er löste das Problem. Etwa drei Monate später, ich war in meiner eigenen Wohnung allein, meldete er sich an und kam wenig später vorbei. Ich hörte seine Schritte auf der Treppe. In dem Moment «wusste» ich, dass er kam, um unsere Beziehung zu beenden. Ich war total überrascht, weil es keine für mich sichtbaren Anzeichen gegeben hatte, dass sowas in der Luft lag. Er kam rein, druckste kurz herum und liess dann die Katze aus dem Sack. Er wolle sich trennen, er hatte sich verliebt... Blabla. Es spielte gar keine Rolle, Ich wusste, dass er tat, was er tun musste, und dass das Alles für uns beide völlig richtig war. Auf der oberflächlichen menschlichen Ebene war ich überrascht, auch leicht schockiert, etwas aus den Schienen, aber es dauerte nur wenige Tage, dann hatte ich mich stabilisiert und ein ruhiges, viel tieferes und tragendes Gefühl von «es hat alles seine Richtigkeit» breitete sich aus.

Und jetzt? Problem des falschen Vaters gelöst. Aber jetzt war ich Single. Ich gab mir Zeit, mich zu lösen, die langjährige Beziehung bewusst abzuschliessen und unserem Freundeskreis zu erklären, dass das Traumpaar sich getrennt hatte. Mit Ron hatte ich weiter Kontakt. Wir arbeiteten ja auch nach wie vor am gleichen Ort. Obwohl er der Auslöser für die Trennung gewesen war, hatte er scheinbar mehr Mühe damit klarzukommen als ich.

Nächtliche Besuche

Jeden Abend zwischen 20 und 22 Uhr hatte ich das Gefühl, nicht allein in der Wohnung zu sein. Es war jetzt zwei Monate her, dass Ron unsere Beziehung beendet hatte und ich war froh, meine eigene Wohnung zu haben. Sie gehörte mir, war eingerichtet und ich hatte ja mittlerweile gelernt, mich auch alleine zuhause zu fühlen.

Aber was spürte ich da? Die ersten Male ging ich nicht gross drauf ein, das Gefühl machte mir keine Angst und war auch nicht aufdringlich, also liess ich es stehen. Als es sich regelmässig wiederholte, fing ich an, mehr reinzuspüren. Ich wollte herausfinden, was es ist. Es war wie eine unaufdringliche Präsenz von einer Person. Wenn man zum Beispiel in einem dunklen Raum ist, kann man doch spüren, dass sonst noch jemand da ist. So ähnlich fühlte sich das an. Wenn ich in die Präsenz reinspürte, so war sie freundlich und mir wohlgesinnt. Also nicht irgendwelche Geister, die mit mir Schabernack treiben wollten. In Erinnerung an den Besuch meiner Mutter, den ich ja letztendlich aus Überforderung abgelehnt hatte, fragte ich mich, ob das meine Mutter sein könnte. Nein, das schien es nicht zu sein. Was dann? Oder besser, wer dann?

An einem der nächsten Abende dämmerte in mir eine Vermutung. Ich hatte in einer meiner starken Selbstmordphasen in der Pubertät, im Versuch mich davon nicht zu unüberlegter Handlung treiben zu lassen, mich selbst zu überlisten versucht. Da ich in der Annahme lebte, dass man sich immer wieder reinkarniert, und dass man sich aus der Jenseits-Perspektive das Grundsetting seines Lebens bewusst aussucht, versuchte ich mich daran zu erinnern, warum ich dieses Leben, diese Eltern, diese Unfallschwester ausgesucht hatte. Schliesslich musste das aus der Jenseits-Perspektive offensichtlich Sinn gemacht haben, sonst wäre ich ja nicht hier. Das kam mir jetzt in den Sinn und ich fragte mich, ob diese gefühlte Präsenz eine Seele sein könnte, die sich überlegt, ob sie mein Kind werden will und mich jetzt auscheckt.

Aus meiner Bibelzeit besass ich praktische Erfahrung in Dialogen mit imaginären Gesprächspartnern. Also fing ich einen Dialog mit einem möglichen Wesen an, das vielleicht mein Kind werden wollte. Wie immer, begann ich damit, mich mitzuteilen und auf Resonanz zu hören. Anfangs fühlte sich das wie ein Gespräch ins Leere an. Das änderte sich aber mit der Zeit. Ich versuchte mir vorzustellen, wie das sein könnte, zwischen zwei Leben und mit der Frage, wer die Eltern im nächsten Leben sein sollten. Also fing ich an, von mir zu erzählen und was es für mich bedeuten würde, ein Kind zu haben.

Ich lud sie ein, zu kommen, ich sagte: «Du fühlst Dich gut an, Du darfst kommen, sofern das für Dich stimmt. Ich bin nicht perfekt. Du siehst das, von da aus wo Du bist, vielleicht sogar klarer als ich. Ich kann Dir nur eins versprechen: Ich werde mein Bestes tun, Dir einen guten Start in Dein Leben zu bereiten. Wenn Dir mein Bestes gut genug ist, dann komm. Ach und übrigens, Du musst noch Deinen Vater finden, ich bin aktuell Single und habe keine Ahnung, wer das sein könnte.»

Bewusste Empfängnis

Es dauerte knapp neun Monate bis ich ihm begegnete, dem Vater. Es war in den Ferien im Tessin. Wir spielten Tennis und gingen Nachtessen mit einer Gruppe von Leuten. Er sass mir gegenüber, fing an zu flirten, während am Radio «Sotto il segno dei peschi» von Antonello Venditti lief. Er fragte: «Bist Du Sternzeichen Fisch?» Ja, was denn sonst. Schon fast ein bisschen zu kitschig, nicht?

Ich spürte die Präsenz und dachte, «Mein Gott, könnte er es sein, der Vater?» Es fühlte sich an, als ob das Wesen uns an den

Händen genommen und zusammen an diesen Tisch gesetzt hätte. Die Dinge nahmen ihren natürlichen Lauf, bald waren wir ein Paar. Und das Thema Kind war von Anfang an präsent in unseren Gesprächen. Was es bedeutet, in die «heutige» Welt ein Kind zu setzen, wie man ein Kind erziehen oder respektive viel mehr begleiten kann, damit es sich in eben dieser Welt zurecht finden kann. Und was die wichtigsten Aufgaben von Eltern sind.

Parallel hatte ich auch meinen Job im Tonstudio gekündigt. Es war das Ende einer Aera. Der Wunsch ein Kind zu kriegen, war der Anfang eines völlig neuen Lebensabschnittes. Es gab keinen äusseren Grund, den Arbeitsvertrag zu künden. Es war mehr der Wunsch, meinem Leben eine neue Form zu geben, Platz zu machen für das Neue.

Dann kam besagter Samstag. Wir waren zuhause in meiner Wohnung, eingeladen zum Geburtstagsfest eines Freundes. Wir hatten Lust auf Anderes. Ich spürte die Präsenz stärker denn je zuvor. Sie war da. So beschlossen wir, nicht ans Fest zu gehen und gaben uns gemeinsam der Lust und Freude hin. Ich konnte es nicht lassen, ihm vorher zu sagen, dass wenn er nicht Vater werden wolle, er jetzt die Wohnung verlassen sollte. Er blieb. Und ich war schwanger. Mein Hausarzt bestätigte es mir drei Wochen später. Er dreht an seiner Schwangerschafts-Drehscheibe. Der Moment der Empfängnis war ja eindeutig klar, also keine Raterei. Was kam raus? «5. Juni» sagte er. Ich fragte, «Was ist das für ein Wochentag?» «Sonntag». «Ok, ist gebucht» sagte ich. Es fühlte sich stimmig an.

Die Hausgeburt

Und so begann das grösste und schönste Abenteuer in meinem Leben. Als wir uns mit der Geburt zu beschäftigen begannen, schlug der Vater vor, eine Hausgeburt zu machen. Das war so im fünften Monat. Ich sagte «Dann musst Du dir eine andere Frau suchen.» Ich konnte mittlerweile eine Schwangerschaft ohne Panikattacken erleben und mir vorstellen, ein Kind zu gebären. Aber Hausgeburt? Das ging dann doch zu weit. Er insistierte nicht und ging mit mir geduldig Spitäler und Geburtshäuser anschauen. Ab und zu ging ich an öffentliche Treffen, wo sich schwangere Frauen mit Hebammen trafen, um über die Geburt und die Geburtsvorbereitung zu sprechen. Irgendwann an einem solchen Treffen «fiel mir der Zwanziger», wie wir im Volksmund sagen. All die Frauen am Tisch hatten noch mehr Angst vor der Geburt als ich. Und ich spürte, dass die Spitäler, die ich besichtigt habe, mich eher zusätzlich verunsicherten. Ein Spitalbetrieb kann sowas von unpersönlich sein, man fühlt sich wie ein Rädchen in der Maschine, den Abläufen ausgeliefert.

Ich fing an, mich nach Alternativen umzuschauen. Mein Hausarzt gab mir Adressen von Hebammen und Ärzten, die Hausgeburten machten. Die Hebamme, die ich ausgewählt hatte untersuchte mich und wir führten ein ausführliches Gespräch über alle Aspekte, Risiken und Chancen einer Hausgeburt im Vergleich zur Spitalgeburt. Das führte dazu, dass ich mich nach dem Gespräch bei der Vorstellung einer Hausgeburt sicherer fühlte als bei der Vorstellung einer Spitalgeburt. Unsere Schulmedizin hat derart viele diagnostische Möglichkeiten und versucht alle Eventualitäten möglichst früh zu erfassen, was aber dazu führen kann, dass unnötig überreagiert wird. Die Natur hat vielfältige Mechanismen, sich selbst zu balancieren, gerade im Bereich der Geburt. Ein zu frühzeitiges Eingreifen kann auch zu unnötigen Komplikationen führen, weil man der Natur reinpfuscht. Sie war eine erfahrene Hebamme, die seit Jahren unzählige Hausgeburten begleitet hatte, das war spürbar. Sie strahlte soviel Ruhe und Zuversicht aus, dass ich mich für eine Hausgeburt entschied.

Während der Schwangerschaft habe ich ein Jobangebot erhalten. Es ging um die Einführung einer neuen Buchhaltungssoftware in einem Konglomerat von Filmproduktionsgesellschaften. Einer der Filmproduzenten hatte eine Treuhandfirma, die für alle Gesellschaften die Buchhaltung machte. Dafür suchte er jemand, der die neue Software einführen und die Abläufe in den verschiedenen Buchhaltungen entsprechend anpassen würde. Ich sagte, das gehe nicht, ich sei schwanger. Er meinte, das sei ja kein Problem. Ich hätte genug Zeit, bis zur Geburt die neue Software einzuführen und könne dann nach der Kinderpause wieder einsteigen und nachbuchen. Ich fing an, meine Rahmenbedingungen klarzustellen. Ich würde mindestens vier Monate nach der Geburt nicht arbeiten. Das sei ok, meinte er. Ich gab zu bedenken, dass ich nicht garantieren würde, dass ich zurückkehre, das hinge davon ab, ob alles in Ordnung sei und wie es mir nachher gehe mit dem Kind. Das sei auch ok, damit könne er leben. Also unterschrieb ich den Vertrag. Das war mein Einstieg in die Welt der Informatik und später Netzwerke.

Natürlich fand die Geburt am Sonntag, 5. Juni statt, wie es die Drehscheibe angekündigt hatte. Ein leicht regnerischer Tag, was zu meinem Vorteil war. Der Garten in der Siedlung war leer und ruhig, man konnte das Fenster öffnen und es kam frische Luft herein. Gegen Abend machten wir sogar ein Feuer im Schwedenofen. So kam meine Tochter planmässig zur Welt, in einer gemütlichen Atmosphäre. Die Nachbarn waren fast nervöser als wir, die dachten zum Teil wohl, ich hätte sie nicht alle. Wir mussten versprechen, nach erfolgreicher Geburt eine Windel aus dem Dachfenster zu hängen, damit sie wussten, dass alles gut gegangen war. Die erste Nacht verbrachten wir zu dritt im grossen Bett, Marina zwischen uns, und wir schliefen alle drei sieben Stunden durch.

Vom Kind zum Netzwerk

Ich genoss die ersten vier Monate zuhause mit meinem kleinen Wunder und konnte mich nicht sattsehen. Nach vier Monaten war ich allerdings reif, auch wieder zu arbeiten. Ich konnte ein 50 % Pensum an zwei Tagen machen und der Vater brachte mir Marina zum Stillen ins Büro. Unsere Beziehung änderte sich durch das Kind stark und bekam eine völlig andere Dynamik. Manchmal fühlte es sich an, als hätte ich mit der Geburt einen Partner verloren und ein zweites Kind gekriegt.

Nach einigen Monaten realisierte ich, dass meine Zeit in der Treuhandfirma einem Ende entgegenging, bedingt durch eine Veränderung in der Geschäftsleitung. So fing ich an, meine Fühler auszustrecken. Da erschien ein Stelleninserat in unserer Lokalzeitung, dass unsere Gemeinde als eine von 12 Schweizer Modellgemeinden eines nationalen Projektes der PTT (ja so hiess sie damals) ausgewählt worden sei und nun einen Projektleiter dafür suche. Das Ziel war, die neuen Angebote der Telekommunikation und das Bedürfnis der Bürger zu testen. Zu diesem Zweck sollte in Maur ein Infoladen eröffnet werden, der unter anderem eine Computerschule beherbergte und für die Einwohner gratis Computerarbeitsplätze zur Verfügung stellte. Finanziert wurde das ganze durch die PTT und beteiligte industrielle Anbieter.

Die Stelle interessierte mich, ich ging aber davon aus, dass sie einen Volontär suchten und ignorierte es. Als die Anzeige aber wiederholt erschien, beschloss ich nachzufragen. Ich rief an und sagte «Die Stelle interessiert mich, ich bin jedoch auf einen marktüblichen Lohn angewiesen... «Kein Problem» hiess es. So bewarb ich mich und erhielt einen 50 % Job, beschränkt auf zwei Jahre, weil das die Projektlaufzeit war. Der Job war sehr vielseitig und lehrreich. Ich lernte viel über neue Technologien. Ich war als Co-Leiterin des Infoladens an der Schnittstelle zwischen Gemeinde, PTT, Sponsoren und Bürgern. Als ich mich bewarb wusste ich nicht, dass dieser Job und die Erfahrungen die ich da machte, die Grundlage meiner späteren Selbständigkeit werden würden.

Um den Infoladen kompetent führen zu können, wurde ich an einen Novell Systembetreuer Kurs geschickt, eine Ausbildung, die mich hätte ermächtigen sollen, das interne Novell Netzwerk zu unterhalten. Nach dem dreitägigen Kurs kam ich zum Schluss, dass ich zu dumm war, das zu verstehen. Zum Glück war mir von seiten des Sponsors, der den Kurs auch durchgeführt hatte, ein Supporter zur Verfügung gestellt, der jeweils die auftretenden Probleme lösen konnte. Dem guckte ich bei seiner Arbeit neugierig auf die Finger und merkte mit der Zeit, dass ich nicht zu dumm war. Vielmehr war es dem Kursleiter anscheinend nicht gelungen, die Themen verständlich zu erklären. Ich entwickelte mit der Zeit Spass an diesem Netzwerk und seinen Möglichkeiten und wurde immer besser darin, es selber ohne Unterstützung zu unterhalten.

Parallel dazu kämpfte ich rund zwei Jahre lang um meine Beziehung zu Marinas Vater und versuchte mit allen möglichen Mitteln, die Balance zwischen uns als Mann und Frau wiederherzustellen. Nichts half, auch nicht die Paartherapeutin. Als ich eigentlich reif gewesen wäre für ein zweites Kind, war es klar, dass ich mich trennen musste. Ein schmerzlicher Schritt. Da war ich, als alleinerziehende Mutter. Das hatte ich nie so geplant, für mich ist Familie wichtig. Aber als es unausweichlich wurde, kam mir in den Sinn, dass ich an besagtem Samstag, als wir nicht an die Geburtstagsparty gingen, mir überlegt hatte, ob ich es mir zutraue, alleinerziehend zu sein, sollten alle Stricke reissen. Man hat ja schliesslich für Nichts eine Garantie im Leben. Und damals hiess die Antwort «Wenn es sein muss, ja». Ich hatte sogar ein inneres Bild, auf dem ich mich mit dem etwa fünfjährigen Kind im Kreis von Freunden als alleinerziehende Mutter sah. Vorahnung? Keine Ahnung. Aber um loszulassen und zu empfangen war dieses «Ja wenn es sein muss» nötig.

Die Trennung war der Beginn von wilden, höchst intensiven, herausfordernden aber auch sehr bereichernden Jahren, in denen ich wieder einmal unglaublich viel lernte. Ich war alleinerziehend. Das Wohlergehen meiner Tochter war meine Top Priorität. Ihr nach der Trennung ein möglichst stabiles Leben in Sicherheit zu ermöglichen mein Hauptziel. Schliesslich hatte ich ihr das vor der Empfängnis versprochen. Dazu scheute ich keinen Aufwand. Als alleinerziehende Mutter war ich nun nicht nur für die gute Betreuung und Begleitung meiner Tochter verantwortlich, sondern auch fürs Familieneinkommen. Die mir nach einer Trennung ohne Heirat zustehenden Alimente waren nicht luxuriös und die Situation zwischen dem Vater und mir für einige Jahre sehr schwierig, sodass ich mich darauf ausrichtete, möglichst schnell finanziell unabhängig zu werden, um mich frei zu fühlen.

Dummerweise lief gerade zur Zeit der Trennung mein Projektleitungsjob in dem temporären PTT Projekt aus. Also fing ich an meine Fühler auszustrecken, im Wissen, dass ich nun den Unterhalt allein bestreiten müsste. Ich war jedoch nicht bereit, 100 % zu arbeiten. Ich wollte ja nicht ein Kind, um es dann in fremde Hände geben zu müssen. Ich ging über meine Bücher und kam zum Schluss, dass ein 60 % Job für mich das Maximum war. Ein solches Pensum sollte es möglich machen, einen einigermassen attraktiven Job zu finden und gleichzeitig, an vier Tagen in der Woche selber zuhause zu sein, um meine Zeit mit dem Kind verbringen zu können.

Ich hatte Bärbel Mohrs Buch «Bestellungen beim Universum» nicht gelesen, ich weiss gar nicht, ob es damals schon veröffentlicht war. Aber irgendwie ging ich intuitiv ähnlich vor. Ich setzte mich

hin und überlegte mir, was meine Rahmenbedingungen für meinen nächsten Job und mein Leben als Alleinerziehende waren. Dazu gehörten Dinge wie nicht mehr als 60% arbeiten, genug Geld haben, um mir eine Putzfrau leisten zu können und so ähnlich. Schliesslich wollte ich die Zeit, in der ich nicht arbeitete lieber mit dem Kind als mit Putzen verbringen. Ich schrieb alles auf einen Wunschzettel und machte mir vorerst keine Gedanken, wie ich das hinkriegen würde.

Das Telefon läutet. «Wir suchen einen Teilzeit Schulungsleiter für Novell Netzwerkkurse. Ich habe von einem Kollegen aus Maur erfahren, dass Sie eine Teilzeitjob suchen. Wenn das was für Sie wäre, bitte ich Sie, sich bei uns vorzustellen.» Das sagte die Stimme am anderen Ende der Leitung. Er stellt sich vor als Schulungsleiter der Netzwerkabteilung der Ascom Elcoma.

Tja, glaubt man denn sowas? Das klingt wie im Schlaraffenland. Ein Job auf dem Silbertablett serviert. Kaum zu fassen. Aber ich hatte das Gefühl, für diese Anforderungen nicht ausreichend kompetent zu sein. Schade, dachte ich und sagte zu ihm: «Danke für das Angebot, aber ich glaube daraus wird Nichts. Ich weiss knapp, wie man Windows startet, das reicht bestimmt nicht aus, um Netzwerkkurse zu geben...» «Machen Sie sich mal keine Sorgen, wir werden Sie ausbilden. Es gibt noch eine zweite Person, die wir ohne viel Vorkenntnisse einstellen und wir werden Euch beide ausbilden.» Tja, Schlaraffenland im Quadrat. Klingt zu gut um wahr zu sein.

Ich stelle mich vor. Er ist echt interessiert, der Bewerbungsvorgang läuft und am Schluss steht noch ein Gespräch mit dem Geschäftsleiter der Firma an, damit auch er noch seinen Segen geben kann. Ich sitze da, vor dem Geschäftsleiter, neben mir mein zukünftiger Chef und ich spüre, wie der alles versucht, den Geschäftsleiter zu überzeugen, dass ich die richtige Person bin. Der scheint wohlwollend und positiv zu sein. Dann schaute er mir plötzlich fadengerade in die Augen und stellt die Frage: «Frau Hagen, sagen Sie mir, was passiert, wenn Ihr Kind krank ist?» Oh mein Gott, jetzt muss ich kämpfen um mein Kind, sonst gerate ich in die Bredouille. Ich nehm all meinen Mut zusammen und höre mich sagen: «Das ist genauso für Sie, wie wenn ich krank wäre. Ich bleibe zuhause.» Und ich war sicher, jetzt hatte ich verloren. Aber ich konnte nicht anders. Er schaut mich an und sagt: «Sie haben den Job.»

Bei vielen Jobs erlebte ich, dass ich nicht suchen musste,
die Jobs kamen zu mir oder wurden mir fast aufgedrängt,
jeweils im goldrichtigen Moment. So war es bei der
Plattenfirma, beim Tonstudio, bei der Treuhandfirma
und nun auch hier im Netzwerkbereich.

Selbständigkeit

Meine Ausbildung dauerte etwa ein halbes Jahr, die meines Kollegen auch. Unsere Startbedingungen waren ähnlich. Nach einem halben Jahr meinte mein Chef, ich sei jetzt reif, um mich auf den ersten Kurs als Instruktorin zu setzen. Ich wurde extrem nervös. Was mich am meisten beunruhigte, war die Tatsache, dass da Leute in den Kurs kommen, die in Firmennetzwerken einen Administrationsjob machen und dazulernen möchten. Und ich sollte denen jetzt Kurse geben, ohne selber viel Erfahrung zu haben. Also schon ein klitzekleines bisschen aus dem kleinen Netzwerk im Infoladen. Aber die Teilnehmer arbeiteten zum Teil in grossen, für damalige Verhältnisse komplexen Netzwerken.

Ich hatte Ja gesagt, es gab kein Zurück. Ich überlegte fieberhaft, was ich tun könnte. Um mehr Sicherheit zu erhalten, bat ich meinen Chef um einen Schulungsraum für drei Tage, eingerichtet für den Kurs, in dem ich ohne Teilnehmer einen Durchgang machen konnte, eine Generalprobe sozusagen. Das gewährte er mir. Und dann geschah das Unerwartete. Ich begann, stellte mir Teilnehmer vor und eröffnete meinen imaginären Kurs. Und plötzlich fühlte sich das an, wie wenn ich das schon hundertmal gemacht hätte. Vorne zu stehen und etwas zu vermitteln, fühlte sich total vertraut an. Es war wie ein Energiestrom, der durch mich hindurchfloss. Keine Ahnung wo das Gefühl herkam, aber es gab mir Ruhe und Sicherheit. Natürlich war ich immer noch nervös, aber es blockierte mich nicht mehr.

Ich überlebte den ersten Kurs. Das Leben testete meine Selbstsicherheit. Bei der Vorstellungsrunde fragte ein Teilnehmer: «Was legitimiert Sie als Frau, diesen Kurs zu geben? Mein Chef hat mich hierhergeschickt, damit ich etwas lerne.» Ich dachte, ich hör' nicht recht. Alle schauten mich gebannt an. Ich wusste, meine Antwort entscheidet über den Verlauf des Kurses. Ich nahm all meinen Mut zusammen, versuchte bei mir selbst zu bleiben und antwortete so ruhig ich konnte: «Ich habe die entsprechende Ausbildung und Vorbereitung. Falls Sie am Schluss des Kurses denken, Sie seien nicht auf Ihre Rechnung gekommen, so bin ich überzeugt, dass mein Chef Ihnen einen entsprechenden Preisnachlass gewähren wird.» Ich erntete von den anderen Kursteilnehmern anerkennende Blicke und besagter Teilnehmer gab sich zufrieden. Ich glaube letztendlich hat mir das geholfen, Seine provokative Frage und meine ruhige Antwort brachte mir die Sympathie der anderen Teilnehmer, und er hat sich damit etwas ins Abseits gestellt.

Das Eis war mit einem anständigen Durchlauf des ersten Kurses gebrochen. Jetzt fing die Arbeit der Optimierung an. Für mich als Perfektionistin bedeutete das viel Arbeit. Die Tatsache, dass ich nicht viel Erfahrung aus der Praxis hatte, nagte an meiner Selbstsicherheit. Einmal setzte ich mich in einen Kurs, den mein Kollege, den man gleichzeitig mit mir ausgebildet hatte, gab. Das war eine Offenbarung. Ich stellte fest: Wenn er unsicher war, erzählte er kühn und frech das «Blaue vom Himmel». Er war kein Perfektionist, er war ein Bluffer. Das half mir sehr, weil ich wusste, dass ich mit meiner Haltung auf jeden Fall mindestens so gut war wie er.

Gemäss meinem Arbeitsvertrag war es vorgesehen, dass ich in etwa die Hälfte meiner Arbeitszeit im Support verbringen würde, damit ich die fehlende Praxis aufbauen konnte. Ich kam jedoch sehr selten dazu. Im Support brachte ich kein Geld, ich brachte nur direkt Geld, wenn ich im Schulungsraum stand. Ich fing an, mich dafür zu wehren, ohne Erfolg. Ich insistierte und wurde immer fordernder. Bei einer dieser vielen Diskussionen warf ich ein, dass die Kunden und Kursteilnehmer doch ein Anrecht auf eine Kursleiterin mit Praxiserfahrung hätten, worauf mein Chef entgegnete: «Wenn die Leute Fragen stellen, die Du nicht beantworten kannst, sagst Du, das gehöre nicht zum Kursinhalt und werde darum nicht behandelt.» Eine klare Ansage. Ich wusste in dem Moment, dass ich hier nicht weiterkommen würde. Das war definitiv nicht meine Vorstellung von Qualität und Professionalität. So wollte ich nicht arbeiten. Als ich das meinem Chef signalisierte antwortete er: «Wenn wir so arbeiten würden, wie Du es Dir vorstellst, wären wir in einem halben Jahr Konkurs. Du findest jetzt ohnehin keinen Job auf dem Arbeitsmarkt.» (Anmerkung: Das war zu einer Zeit als die Schweiz eine für ihre Verhältnisse eine sehr hohe Arbeitslosenrate hatte). Und dann hatte ich ja noch ein «Handicap», ich war eine alleinerziehende Mutter und war nicht bereit, 100 % zu arbeiten. Er schien sich seiner Sache sicher zu sein. Die Bemerkung, dass meine Ideen nicht businessfähig seien, hörte ich nicht zum ersten Mal.

Ich liess mich herausfordern, die Behauptung ich würde keinen Job finden zu überprüfen. Ich fing an, mich umzuhören. Es gab in der Schweiz zu der Zeit mehrere Schulungszentren, die solche Netzwerk-Administrationskurse anboten. Also klapperte ich sie nacheinander ab. Mehr als eines davon zeigte sich interessiert und bot mir die Möglichkeit an, als Freelance Instruktorin ihre Kurse zu geben. Eines davon sagte sogar, «Was als Freelance Instruktorin? Möchten Sie nicht gleich zu uns kommen und uns helfen, unsere Schulungsabteilung auszubauen?» Von wegen «Du findest keinen Job.» In mir nahm eine Idee langsam Gestalt an. Ich war alleinerziehend, ich musste mich planbar organisieren können, ich wollte mir Praxis aneignen. Was,wenn ich einige Tage im Monat als Instruktorin arbeiten würde und mir daneben ein Halbzeitpensum als Supporterin suchen würde? Schulungen sind gut im Voraus planbar und so hätte ich Kontrolle über das Verhältnis von Schulung und Praxis. Die Praxis könnte ich zu einem tiefen Lehr-Lohn anbieten und mit einigen Tagen Schulung pro Monat wären meine Lebenskosten gedeckt.

Das war keine einfache Entscheidung, das Abwägen einer «gesicherten» Festanstellung gegen den Sprung ins kalte Wasser und in die Selbständigkeit. Und das mit Kind. Ich traf die Entscheidung – nach meinen Kriterien. Ich überlegte mir, was ich langfristig verdienen könnte, wenn ich den sicheren Weg der Festanstellung beschreiten würde und was das Potential der Selbständigkeit sein könnte. Der Fall war klar. Für mich.

Ich stelle immer wieder fest, auch heute noch, dass meine Entscheidungskriterien für gewisse Leute schwer nachvollziehbar sind. Für mich sind sie selbstverständlich, natürlich. Aber als ewige Aussenseiterin hatte ich gelernt, das Meine zu tun, auch wenn die Gruppe dem nicht unbedingt zustimmt. Es gab viele, die fanden das sei viel zu viel Risiko, ich sei leichtsinnig. Ich selber fand, das Risiko sei bei der selbständigen Variante kleiner. In einer Festanstellung bin ich von diesem einen Arbeitgeber abhängig. Wenn er umstrukturiert oder mich aus anderen Gründen auf die Strasse setzt, so habe ich 100 % meines Einkommens verloren. Mit dieser selbständigen Variante hatte ich mindestens drei Auftraggeber und die Flexibilität, mit weiteren Schulungszentren zusammenzuarbeiten. Wenn einer ausstieg, so blieben mir immer noch die anderen.

Und so kams, ich hatte bei zwei Schulungszentren Aufträge als Freelance Instruktorin und fand bei einer kleinen und qualitativ hochstehenden Netzwerkboutique einen Job als Netzwerkengineer wo ich nicht nur Support machte, sondern auch auf Projekten arbeiten konnte. Das war die Geburtsstunde meiner Firma «Sunny Connection».

Ich sehe es als eine Auswirkung meiner Kindheitserfahrungen, dass ich in dem Spannungsfeld zwischen dem Bedürfnis nach Sicherheit und dem Bedürfnis nach autonomem Selbstausdruck das zweite meistens deutlich höher priorisiere. Mich autonom zu fühlen, gibt mir ein stärkeres Gefühl von Sicherheit als in ein System eingebettet zu sein und mich fremden Regeln anpassen zu müssen, die vielleicht nicht meinem Wertesystem entsprechen.

Der Un-Businessplan

Heute blicke ich auf viele Jahre Selbständigkeit zurück. Was als Experiment und Abenteuer begann, mit dem Ziel Grenzen auszuloten, wuchs, nahm Form an und entwickelte sich ständig weiter. Ich habe eine Allergie gegen Businesspläne, Kostenmodelle und aktiven Verkauf. Darum habe ich das nie gemacht. Was sich aus meinem Experiment entwickelt hat, hätte kein noch so kreativer Businessplan vorwegnehmen können. Und wenn ich aufgrund von Budgets und Renditedenken Entscheidungen getroffen hätte, so wäre ich nie, wo ich heute bin.

Versteht das nicht falsch, ich habe schon Budgets gemacht, aber hauptsächlich um zu verstehen, wie gross mein Risiko ist, damit ich sehe, ob ich mit dem Worst Case leben könnte. Wenn man in den frühen 70er-Jahren einen Businessplan und ein Budget gemacht hätte, um zu beurteilen, ob es sich lohnt, das Internet zu erschaffen wäre die Antwort eindeutig nein gewesen. Darum hat sich das Internet nicht gekümmert. Es ist einfach entstanden und gewachsen.

Wenn ich das aus meiner heutigen Perspektive und mit meinem Wissen über Spiral Dynamics und menschliche Evolution betrachte, macht das viel Sinn. Aber dazu mehr im dritten Teil.

> *Was habe ich dann gemacht, wenn keine Businesspläne?*
> *Ich habe immer das Naheliegende getan, den nächsten*
> *kleinen Schritt, der sich richtig anfühlte. Meine Wegweiser*
> *waren Neugier, Interesse, die Freude, die Liebe und mein*
> *innerer Energiepegel. Und Angst. Ich habe mich auf einer*
> *Art sumpfigen Weg weiterbewegt, wo man den nächsten*
> *kleinen Schritt dort macht, wo es sich sicher und gut an-*
> *fühlt und wenn man dort steht, tastet man den nächsten*
> *Schritt ab.*

Schon als Kind hatte mich interessiert, wie Lernen funktioniert. Meine diesbezügliche Forschungsreise hat früh angefangen. Während der Primarschule, im Gymnasium und vor allem dann auch in der anschliessenden Handelsschule verbrachte ich viel Zeit damit, mich selbst beim Lernen zu beobachten und herauszufinden, wann es mir leicht fiel, wann es mir schwer fiel und was den Unterschied ausmachte. Gleichzeitig studierte ich meine Mitschüler, um herauszufinden, ob es bei ihnen gleich war, oder ob es andere Muster gab. Dazu kam mein Erlebnis als Kursteilnehmerin im Infoladen: Während ich zunächst dachte, «zu dumm» zu sein, stellte ich fest, dass die Art und Weise in der es mir vermittelt wurde für mich nicht verständlich war.

Diese Forschungen trieb ich nun in meiner Arbeit in den Netzwerkkursen weiter. Ich übte und lernte, die Teilnehmer dort abzuholen, wo sie standen. Das bedeutete, bei Fragen erst mal gut zuzuhören und den Kontext der Frage zu verstehen. Manchmal kamen Fragen, auf die ich keine zufriedenstellende Antwort geben konnte. Als ich dieses Thema näher auslotete, realisierte ich, dass die Fragen schwammig gestellt wurden. Es war mir nicht klar, was der Fragende genau wissen wollte. So begann ich in solchen Situationen, den Fragenden zu coachen, um seine Frage zu präzisieren. Und siehe da, sehr häufig, wenn dem Fragenden klar wurde, was er wissen wollte, wusste er auch die Antwort. Die Frage hatte sich durch die Klärung erledigt.

Energiearbeit oder die Kraft des Gebets

Ich experimentierte noch mit etwas ganz Anderem: Der Kraft des Gebets. Damit hatte ich schon bei meinem allerersten Kurs bei Ascom angefangen, im Versuch meinen Nervositätspegel zu senken. Im Laufe der Jahre baute ich dieses Experiment stetig aus.

Geprägt durch meine Erfahrungen beim Sterben meiner Mutter und meine Erkenntnisse, die ich beim Eintauchen in die Weisheiten von Religionen, Glaubenssystemen und auch neuen Wissenschaften erwarb, hatte ich die Kraft des «Gebets» entdeckt und auch neurologische Erklärungen gefunden, was dabei geschieht. Den Begriff Gebet verwende ich hier in einem erweiterten Sinn, als das üblich ist. Ich meine damit in erster Linie «fokussierte Aufmerksamkeit», eine klare Intention, eine starke innere Verbindung zu mir und eine Hingabe an etwas Grösseres, das mich führt oder unterstützt. Ich kann mir vorstellen, dass jeder solche Momente kennt und die unterschiedlichsten Namen dafür hat. Man kann es auch Meditation nennen. Getreu meinen Forschungskriterien begann ich, diese Möglichkeiten gezielt einzusetzen, um zu beobachten, was es für einen Einfluss hat.

Ich hatte keine konkrete Anleitung, wie das geht. Ich tat, was mir spontan in den Sinn kam und sich gut anfühlte. Beim ersten Versuch nahm ich am Vortag des Kurses die Namensliste der Teilnehmer. Abends verband ich mich mit meinem höheren Selbst und stellte über die Namen der Teilnehmer Kontakt mit deren höherem Selbst her. Ich kannte diese Menschen nicht, wusste nicht wie es ihnen ging, was sie am meisten brauchten, und ich wollte mich auch nicht in ihr Leben einmischen. Aber ich sagte mir, jeder hat ein höheres Selbst und dieses höhere Selbst weiss ganz genau, wie es diesem Menschen geht und was er braucht. So bat ich das höhere Selbst der Teilnehmer einfach darum, dafür zu sorgen, dass es ihnen während des Kurses gut ging, dass ihnen Hindernisse und Beschwerlichkeiten möglichst aus dem Weg geräumt werden mögen, sodass sie frei seien, konzentriert und mit Freude dem Kurs zu folgen und das Beste herausziehen können. Dies wiederholte ich jeden Abend während des Kurses.

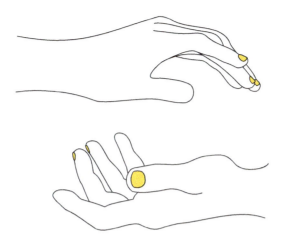

Tja, und wie misst man den Erfolg eines solchen Experimentes? Schwer zu sagen. In einer Exceltabelle lässt er sich jedenfalls nicht festhalten. Man weiss ja nie, wie der Kurs ohne diese Vorbereitung gelaufen wäre. Schlechter? Besser? Gleich?

Ich tat es einfach weiterhin. Es interessierte mich, fühlte sich gut an und ich hatte immer schöne Kurse mit interessanten Teilnehmern und sehr positivem Feedback. In den Kursen hatte ich immer eine gute zwischenmenschliche Atmosphäre, die auch zu bereichernden Kontakten unter den Teilnehmern führte. Es ging um mehr als nur die Vermittlung von Fachwissen. Ich tat es auch gerne, die Energiearbeit und das war auch immer ein Leitfaden für mich. Wenn ich etwas gern tue und es nicht vergesse, dann scheint es in dem Moment hilfreich zu sein. Hätte ich keine Lust gehabt, oder wäre es ständig vergessen gegangen, hätte ich das als Zeichen gewertet, dass es nicht hilft oder nicht nötig ist.

Eines der für mich krönenden Feedbacks erhielt ich ein paar Jahre später: Während eines Kurses hatte ich eine starke Migräne und es ging mir auch persönlich nicht gut. Es war in den ersten Jahren meines Alleinerziehendseins und das forderte mich häufig bis an meine Grenze. So stand ich den Kurs knapp durch, musste mich immer wieder anlehnen, weil mir schwindlig war, und mein

Kopf schmerzte wie verrückt. Die Energieübung machte ich trotzdem, und den Kurs überlebte ich irgendwie, war aber natürlich nicht in meiner besten Form. Am dritten Tag, die Teilnehmer waren daran, ihre Kursbeurteilungen auszufüllen, kam einer der Teilnehmer zu mir und sagte, «ich muss Ihnen jetzt einfach was sagen, ich weiss nicht warum. Aber ich habe mich schon lange nicht mehr so gut gefühlt, wie in den drei Tagen während dieses Kurses.» – Tja, man kann darüber streiten, ob das eine Erfolgsmeldung für meine Übung ist, ich habe es jedenfalls auf dieses Konto gebucht und weitergeübt.

Diese Energiearbeit ist eine Praktik, die ich seither regelmässig anwende und laufend weiterentwickle. Sie mündet in meine aktuelle integrale Arbeit mit Organisationen. Wenn Frederic Laloux in seinem Buch sagt «Aufgabe des CEO in einem integralen Unternehmen ist es, das Energiefeld zu halten», so weiss ich wovon er spricht und habe es viele Jahre geübt. Mehr dazu im dritten Kapitel «Ernte».

Erste Kursentwicklung

Meine nächste Herausforderung kam bald darauf. Die Firma Novell, für deren Ausbildungsprogramm ich seit meiner Ascom Elcoma Zeit zertifiziert war, führte eine grundsätzlich neue Lösung ein. Dies erforderte ein radikales Umdenken für alle, die mit dem vorherigen System gearbeitet hatten.

Die Firma Novell bot jedes Jahr im März in Salt Lake City ihre «Novell Brainshare Konferenz» an, an der die Möglichkeit bestand, sich aus erster Quelle über alle Aspekte zu informieren. Diese Konferenz wurde regelmässig von über 5000 Leuten aus aller Welt besucht. Im Vorfeld dazu hatten zertifizierte Trainer die Möglichkeit, am Hauptsitz von Novell vertiefte Kurse zu besuchen. Lernen von der Quelle war immer mein Ding, also meldete ich mich an. Die Kursleiterin war niemand anders als die Frau, welche die neue Architektur entwickelt hatte. Ja es war eine Frau. Ich war total fasziniert. Die Architektur war clever, und dies aus erster Hand vermittelt zu bekommen, mit dem ganzen Hintergrundverständnis, weshalb und wozu sie es in dieser Form entwickelt hatte, war ein Genuss. So kam ich in die Schweiz zurück, arbeitete auf einem der ersten Projekte, wo dies im grösseren Stil umgesetzt wurde und hatte im Vergleich zu den meisten Engineers zu dem Zeitpunkt einen riesigen Wissensvorsprung. Ich sah die Probleme, die beim Einsatz in der Praxis entstanden und konnte in vielen Fällen die Ursachen verstehen, konnte die Probleme daraufhin lösen oder – wenn ich frühzeitig involviert war – verhindern. Durch meine Besuche in Salt Lake City hatte ich natürlich auch sehr gute Kontakte zu den Entwicklern, Technikern und Supportengineers. Bald war ich soweit, dass ich auf Novell zuging und sie bat, einen neuen Kurs anzubieten, der die Probleme adressiert, die sich bei ausreichendem Verständnis verhindern liessen. Novell bewegte sich nicht, es nützte auch nichts, dass ich auf ihrem Advisory Council für Trainingsprogramme war.

Als ich mich im Kollegenkreis wieder mal darüber ausliess, dass ich nicht verstünde, warum Novell nicht so einen Kurs anbiete, meinte ein Kollege: «Entwickle Du doch den Kurs, Du weisst ja alles, was es dazu braucht.»

Highlight, Energiepegel auf Höchststufe! Ich liess mich auf den Gedanken ein, wägte ab, überlegte, was es brauchte und entschloss mich, das zu versuchen. Eine neue Herausforderung, ganz in meinem Sinne. Ich nahm Kontakt auf mit meinen Bezugspersonen bei Novell, Kundenbetreuern und Supportengineers, und fragte sie, ob sie ein solches Vorhaben unterstützen würden. Sie garantierten mir volle Unterstützung und die Supporter boten an, den Kurs vor der Veröffentlichung technisch zu reviewen. Ich hatte sozusagen Novell Supportgarantie für die Relevanz meiner Inhalte. Was konnte mir Besseres geschehen?

Also tat ich, was ich noch nie getan hatte, ich entwickelte einen 2-Tageskurs. Und er wurde ein Renner, international, nicht nur in der Schweiz. Es war eine Weiterentwicklung meiner Fähigkeiten, die ich mir beim Kursgeben erarbeitet hatte. Dort habe ich gelernt, auf Teilnehmer individuell einzugehen, sie persönlich abzuholen, bekam natürlich im Schulungsraum direktes Feedback und konnte nachfragen, ob es mir gelungen ist. Bei der Entwicklung des Kurses lag die Herausforderung darin, die Inhalte möglichst so aufzubereiten, dass sie für unterschiedliche Teilnehmer gut nachvollziehbar waren. Häufig habe ich die Kurse selbst gegeben, dann war es einfach. Es gelang mir jedoch, den Kurs zusätzlich an mehreren Schulungszentren in Deutschland und England in Lizenz zu geben, wo sie dann von fremden Instruktoren durchgeführt wurden. Diese waren allerdings alle vorgängig bei mir im Kurs, sodass ich die Qualität und das zugrundeliegende Verständnis einigermassen sicherstellen konnte. Durch diesen Kurs wurde ich weit herum bekannt – in Netzwerkkreisen natürlich. Ein Kollege von mir, ein Amerikaner, der Novelltrainer war und auf der ganzen Welt Workshops anbot sagte einmal zu mir: «Dich kennen sie überall. Ich kann in Neuseeland Deinen Namen erwähnen. Sie kennen Dich.» Ich selber war noch nie in Neuseeland. Leider.

Und dann das Buch

Im zarten Alter von 16 Jahren, als mich das sphärische Wesen von Lars faszinierte, beschloss ich, irgendwann einmal in Zukunft ein Buch zu schreiben. Über Lars, das Leben und die Liebe. Es kam dann leicht anders als ich mir das vorgestellt hatte. Das Buch schrieb ich. Aber nicht über Lars. Es wurde ein technisches Fachbuch über das Internetprotokoll TCP/IP. Wie ich dazu kam? Wie die Jungfrau zum Kind.

«Würdet Ihr beide für unseren Verlag ein Buch über TCP/IP schreiben?» fragte der Vertreter von Novell Press am Stand an der Brainshare in Salt Lake City. Ich pendelte gerade mit meiner Freundin Stefanie durch die Ausstellung. Laura Chappell hätte uns empfohlen. Laura Chappell war eine Freundin von uns und für Novell Press die Starautorin. Sie hatte sich bereits verpflichtet, dieses Buch zu schreiben, musste jedoch aufgrund eines aktuellen Projektes absagen. Da sie den Verlag nicht im Regen stehen lassen wollte, empfahl sie dem Verlag kurzerhand, das Buch mit Stefanie und mir zu machen.

Schwer zu beschreiben, was in mir alles vorging, als ich die Frage hörte. Da war eine sehr laute Stimme, die rief ständig: «Lass die Finger davon, das kannst Du nicht. Du hast weder das

Wissen noch die Zeit. Und die Welt hat nicht gewartet, dass du als Schweizerin das tausendundfünfundvierzigste Buch über TCP/IP schreibst...» Und so weiter. Da war aber auch Neugier. Könnte ich das? Will ich das? Was braucht es? Und im Hintergrund war eine sehr ruhige Stimme, eine Stimme in der speziellen Qualität, die ich schon öfter gehört hatte, die sagte: «Du wirst dieses Buch schreiben.» Oh mein Gott. Mit der Stimme begann ich zu diskutieren. Ich brachte alle Einwände vor, gute Ausreden. Marina brachte ich ins Spiel, die zu der Zeit acht Jahre alt war, die Tatsache, dass ich als Schweizerin das Buch auf Englisch schreiben müsste, dass ich nichts von TCP/IP verstand, alles was mir einfiel. Die Stimme blieb ruhig und klar. «Du schreibst dieses Buch». Ich diskutierte weiter. Da hiess es: «Es geht nicht um dieses Buch. Es ist eine Vorbereitung auf etwas, das später kommt.»

Ich kam nach Hause, einen 40-seitigen amerikanischen Autorenvertrag in der Tasche und musste mir nun klar werden, ob ich den unterschreiben sollte oder nicht. Es gab darin vier Abgabetermine und in einem knappen Jahr sollte es fertig sein.

Ich gab alles, um mich rauszuwinden. Zu gross schien mir die Herausforderung. Schliesslich war ich alleinerziehend. Ich musste Geld verdienen und wollte meine schmale Freizeit mit meiner Tochter verbringen. Woher sollte ich denn Geld und Zeit nehmen, ein Buch über ein Thema zu schreiben, das ich knapp buchstabieren konnte? Ich befragte das I-Ging (chinesisches Weisheitsorakel), das Tarot, ich unterhielt mich mit meiner inneren Stimme – erfolglos. Von keiner Seite kam ein No-Go. In meiner Not rief ich einen Kollegen an, den Geschäftsführer einer grossen Internetorganisation, für den TCP/IP kein Fremdwort war. Ich hoffte, er würde mir Recht geben, dass das keine gute Idee war. Er sagte: «Und Du schreibst dieses Buch.» Ich erwiderte: «Ich weiss nicht, ob ich das kann; ich kenne TCP/IP kaum.» «Das macht nichts, so lernst Du es. Wenn Du nicht weiterkommst, stell ich Dir mein ganzes Engineering Team und unsere Labs zur Verfügung. Und jetzt geh und unterschreib den Vertrag.»

Das sass. Was für eine Chance. Unglaublich. Meine neue Fragestellung lautete: «Was ist das Risiko, wenn ich dieses Experiment wage.» Ich hatte Angst, unglaubliche Angst, es nicht zu schaffen, aufgeben zu müssen. Dann wurde mir bewusst, dass Angst dazu gehört, wenn man etwas zum ersten Mal tut, und sich dabei weiterentwickelt. Es ist weit ausserhalb der Komfortzone, aber anders ist Wachstum nicht möglich. Also fragte ich mich «Was ist das Schlimmste, das passieren kann?». Ich rief meine Anwältin an und bat sie, den Vertrag zu studieren und mir die Konsequenzen zu erklären, wenn ich nach ein paar Monaten aufgeben würde. Die Antwort war einfach. Ich würde den Vorschuss von 12 000 USD zurückbezahlen müssen. Sonst nichts. Easy, ich würde den Vorschuss einfach nicht ausgeben, bis ich sicher war, dass das Buch fertig wird. Dann kam noch eine emotionale Hürde: meine Tochter. Ich erklärte ihr, was ich für eine Entscheidung fällen musste. Sie sagte: «Mami, mach das, das ist cool.» Ich erklärte ihr, dass das nicht so einfach sei. Es würde bedeuten, dass ich monatelang am Abend und am Wochenende hinter dem Computer sitzen und schreiben würde. Und dass sie dann sicher immer wieder am Sonntag gern mit mir spielen möchte und ich immer wieder sage, ich müsse arbeiten. Sie meinte: «Mami, das macht doch nichts, ich koche dann für Dich.»

Und das Buch wurde fertig. Es dauerte neun Monate und kostete einige schlaflose Nächte. Stefanie und ich waren im darauffolgenden März wieder an der Brainshare, unser Verleger und Editor lud uns zum Essen ein. Das Buch war veröffentlicht, wir feierten. Er sagte: «Wisst Ihr was? Als ich mit Euch den Vertrag abschloss, war ich überzeugt, das Buch würde nie rauskommen.» Wir fragten: «Warum hast Du dann einen Vertrag mit uns gemacht?» «Weil ich niemand sonst fand, der über dieses trockene Thema zu schreiben bereit war. Dann habe ich von Euch das erste Kapitel erhalten. Das war weitaus etwas vom Besten das ich je erhalten habe. Jeder Satz eine klare Aussage. Keine warme Luft.»

Und wozu es führte

Ich hatte mir also bewiesen, dass ich ein Buch schreiben kann, über ein Thema, das ich kaum kenne und damit sehr erfolgreich sein kann. Natürlich habe ich mich während des Schreibens inhaltlich sehr intensiv mit dem Thema befasst, ganz auf meine Art, als Perfektionistin. Das Spannende war, dass sich so Türen zu Experten in aller Welt und in allen möglichen Firmen öffneten. Ich konnte IBM, Cisco, Checkpoint oder sonstwen anrufen und sagen «ich schreibe grad ein Buch über TCP/IP für einen amerikanischen Verlag und möchte gern besser verstehen wie ihr dies und das macht» – und schwupps, hatte ich die kompetentesten Techniker am Draht, die mir Gratisauskunft gaben.

Was mich immer wieder erstaunte war, dass mich Situationen oft dann am meisten vorwärts brachten, wenn ich das Gefühl hatte, die Widerstände türmen sich, ich komme nicht weiter und gebe auf. Als ich zum Beispiel an einem Kapitel über eine bestimmte Technologie arbeitete, stiess ich auf eine Frage, die ich einfach nicht lösen konnte. Ich las alles Mögliche darüber, ich spielte in meinem Labor rum und führte unterschiedlichste Tests durch – ich konnte es nicht auflösen. Der nächste Schritt war, Experten in der Schweiz aufzusuchen. Dann passierte das Dumme: ich war im Gespräch mit zwei bekannten Grössen und die behaupteten das Gegenteil voneinander. Tja und jetzt? Ich suchte im Internet weiter und fand Cricket Liu, Starautor von O'Reilly, dem bekanntesten und renommiertesten IT Fachbuchverlag. Cricket war der Experte genau in diesem Bereich. Gemäss meinem Motto, nichts unversucht zu lassen, suchte ich seine Emailadresse, formulierte meine Frage, beschrieb die zwei gegensätzlichen Antworten und schickte sie los. Eigentlich hatte ich nicht viel Hoffnung, je was zu hören. Man hat so seine Vorstellungen, wenn jemand eine Koryphäe ist, entweder ist er nett und hat keine Zeit oder er ist arrogant und hat es nicht nötig, mir meine Frage zu beantworten.

Es geschehen noch Zeichen und Wunder. Es vergingen keine 24 Stunden, da erhielt ich eine höchst präzise und eindeutige Antwort von ihm, in einem sehr freundlichen Tonfall geschrieben. Unmissverständlich und glasklar. Somit wusste ich, was ich im

Buch schreiben sollte. Aber wenn die Top Fachleute in der Schweiz so unterschiedliche Meinungen haben, so könnte es vielleicht nicht schaden, Cricket Liu zu Trainings in die Schweiz einzuladen. Ich fragte ihn an, ob er für mich in die Schweiz kommen und einen Fachkurs für Experten anbieten würde. Und so kam es. Sein Kurs war gut besucht und wurde ein Erfolg.

IPv6

IPv was? Ich führ jetzt diesen Begriff ein, weil er eine wichtige Phase in meinem beruflichen Leben prägte. IPv6 ist die neue Version 6 des Internetprotokolles. Als ich mein erstes TCP/IP Buch schrieb, war IPv4, also Version 4, aktuell. Heute ist IP Version 6 das aktuelle Internetprotokoll. Und der Übergang gestaltet sich relativ harzig, da die beiden Protokollversionen nicht kompatibel sind.

«Würdest Du für uns ein Buch über IPv6 schreiben?» fragte der Amerikaner am Telefon. Er war Editor bei O'Reilly, dem besagten Star-Fachbuchverlag. Es war der gleiche Editor, mit dem ich einige Jahre zuvor mein erstes Buch für Novell Press geschrieben hatte. Offensichtlich war er mittlerweile ein Haus weiter gezogen und bei O'Reilly gelandet. Der Verlag hatte vor, ein Buch über das neue Internetprotokoll zu veröffentlichen und der Editor schlug mich als Autorin vor, aufgrund der Erfahrung, die er mit uns beim ersten Buch gemacht hatte.

Nach meinem erfolgreichen Experiment mit dem ersten Buch hatte ich überhaupt nicht vor, je wieder so ein Fachbuch zu schreiben. Das ist grösste Knochenarbeit, die sehr viel erfordert Durchhaltevermögen und Hartnäckigkeit erfordert. Der Reiz herauszufinden, ob ich das überhaupt kann, war jetzt weg, das wusste ich. Und jetzt das. Ich antwortete: «Gib mir drei Tage Zeit, ich ruf Dich an. Ich muss drüber schlafen.»

In der ersten Nacht nach dem Anruf hatte ich einen kristallklaren Traum. Ich sah das Buch in Farbe fertig in meinen Händen liegen. Ich wusste, auf einer Ebene war es bereits geschrieben. Ich rief an und sagte zu. Es gehörte zu meinem Weg. Und es faszinierte mich, weil das Internetprotokoll etwas Langlebiges ist, das nicht alle zwei oder fünf Jahre ausgetauscht wird – im Unterschied zu vielen schnelllebigen IT-Themen. Meine Lerninvestition würde sich lohnen und ich würde langfristig darauf aufbauen können.

Es brachte mir noch einen Vorteil: Es gab damals vielleicht eine Handvoll Leute, die überhaupt wussten, was IPv6 ist. Und das waren die Entwickler des Protokolls und ein paar frühe Pioniere. Die fanden es super, dass O'Reilly ein Buch darüber veröffentlichen wollte, trugen mich auf Händen und stellten mir ihr ganzes Wissen zur Verfügung. Learning from the Source sagt man so schön.

In diesem Zusammenhang lernte ich viele Internetpioniere und weltweit bekannte Experten kennen und habe teilweise näher mit ihnen zusammenarbeiten dürfen. Dabei ist mir Eines aufgefallen: Die Experten die ich traf, waren allesamt sehr bescheidene, lebendige, vielseitig interessierte Menschen, die stets wissbegierig waren, Neues zu entdecken und zu lernen. Heute weiss ich, wenn ein vermeintlicher Experte der Meinung ist, er wisse es am besten, dies selten ein Zeichen von herausragender Expertise ist, weil die Neugier fehlt.

Meine fundierten Fachkenntnisse und meine gute internationale Vernetzung eröffnete mir in den Folgejahren viele interessante Möglichkeiten. Angefangen bei internationalen Kursen, Vorträgen an internationalen Fachkonferenzen, über die Veröffentlichung meiner eigenen deutschen Buch-Version bis hin zu vielen spannenden Projekten mit multinationalen Grossunternehmen.

Anlässlich der feierlichen Buchtaufe meines ersten im Eigenverlag publizierten Buches im Jahre 2004 hielt ich eine kurze Ansprache. Eigentlich hatte ich das nicht vorgehabt. Kollegen von mir hatten eine schöne Feier für mich organisiert und sich um Ansprachen gekümmert. Aber drei Tage vor dem Anlass, ich war grad im Garten am Aufräumen und hing in Gedanken meinen Vorstellungen über die Teilnehmer und den Anlass nach, spürte ich plötzlich, dass etwas in mir schreiben wollte. Es ist meistens eine gute Idee, wenn ich diesem Gefühl nachgebe, indem ich mich an den Computer setze und mich dem Diktat zur Verfügung stelle.

Die Rede, die dabei herauskam, war so abgerundet und vollkommen, dass ich sie letztendlich vorlas, weil ich sie nicht nochmals frei hätte wiederholen können. Und sie war eine wundervolle Zusammenfassung von dem was mich bewegt und motiviert hatte, meine Arbeit zu tun und Bücher zu schreiben.

Ein Auszug:
«Seit ich mich mit Protokollen befasse, bin ich fasziniert und berührt von der Visionskraft dieser Pioniere, die sie erschaffen haben. Sie sind ihrer Zeit weit voraus und viele sehen sich im Dienst einer Mission. Sie setzen ihre unermüdliche Schaffenskraft für etwas ein, was weit über die Befriedigung ihres Egos hinausgeht. Daraus beziehen sie ihre Motivation. Als Autorin von Büchern über diese Protokolle sehe ich mich als ihr Sprachrohr, als Kommunikationsbrücke zwischen Entwicklern und Anwendern.»

Und ich beendete meine Ansprache mit folgenden Worten, die ich auch heute noch unterstreichen kann:
«Zur Zeit stelle ich mich in den Dienst, den Einsatz von Technologien zu erleichtern, welche die Grundlage für globale, uneingeschränkte Kommunikation darstellen. Mein Ziel ist nicht die Technologie an und für sich sondern die Kommunikation, das Erschaffen von Brücken. Meine Bücher schaffen die Brücke zwischen Entwicklern und Anwendern. Die Protokolle, welche ich beschreibe, schaffen die Brücke für globale Kommunikation. Meine Lebensaufgabe ist es, Brücken zu bauen.»

Schnittstelle zwischen Bewusstsein und Körper

«Ihre Mutter hat oben rechts am 6er eine Amalgamfüllung und unten links am 5er eine Goldfüllung.» Sowas Schräges hatte ich noch nie gehört. Da stand er vor mir, ein alter knochiger Mann, mit einer Frisur wie Einstein, in einem düsteren Raum mit Bücherregalen bis zur Decke, im zweiten Stock in einem Haus an der Bahnhofstrasse in Zürich. Ich wusste nicht mal genau, wie ich hier reingekommen war. Ich war draussen vorbeigegangen, hatte die unauffällige Tür und ein komisches Schild gesehen. Ich kann mich leider nicht mehr erinnern, was draufstand. Auf jeden Fall hatte es mich veranlasst, raufzugehen. Der alte Mann stand in der hinteren Ecke als ich reinkam und sprach mich an.

Es entwickelte sich ein eigenartiges Gespräch, er schien von Astrologie viel zu verstehen und fing an Mutmassungen über meinen Lebensverlauf anzustellen. Wir kamen auf meine Mutter zu sprechen, die gerade kürzlich ihre terminale Krebsdiagnose erhalten hatte. Er stellte einige Fragen zur Geschichte ihres Krebses und als ich erwähnte, dass sie vor einigen Jahren Brustkrebs gehabt hätte, wollte er wissen, wo und wie gross der gewesen sei. Da meine Mutter mir den relativ grossen Knoten einmal gezeigt hatte, konnte ich ihm das zeigen. Darauf hin machte er die Aussage über die Amalgam- und Goldfüllung. Ich weiss übrigens die genauen Zähne nicht mehr. Aber ich weiss, dass einer links und einer rechts war. Er erklärte mir, dass die Kombination von Amalgam und Gold besonders tückisch sei, da es zu einer Reaktion führe, die noch mehr als sonst Quecksilber aus der Amalgamfüllung lösen würde, das dann in den Körperkreislauf gelange. Es sei jetzt offensichtlich zu spät, meinte er, aber hätte man das damals erkannt und behoben, so wäre es wahrscheinlich nicht soweit gekommen. Ich ging sofort nach Hause und überprüfte seine Behauptung. Er hatte Recht.

Meine Mutter hatte eine Symptomserie gehabt. Als ich ein kleines Kind war, hatte sie schlimme Ekzeme an den Armen und Händen. Irgendwann hat ein Arzt eine Behandlung durchgeführt, die das Ekzem zum Verschwinden brachte. Das Symptom tauchte als Asthma wieder auf. Eine nicht unübliche Verschiebung, wenn das Hautproblem nicht ursächlich behandelt sondern lediglich unterdrückt wird. Viele Jahre lang hatte sie schwere Migräneanfälle, dann mit gut 45 Jahren Brustkrebs und mit 54 ist sie an Krebs gestorben. Ich selber litt unter Allergien und Migräne und beschloss in der Folge, das Amalgam rauszunehmen bevor ich Krebs bekommen würde.

Damals in den frühen 80er Jahren war das Thema Amalgam noch umstrittener als heute. Ich hatte bis zu diesem Tag nichts davon gehört, aber es veranlasste mich zu handeln. Ich fand einen ganzheitlichen Zahnarzt in Zürich. Der erklärte mir, dass Amalgam mit dem darin enthaltenen Quecksilber ein Teil des Problems sei, dass es aber Menschen gäbe, die zusätzlich allergisch auf das

Amalgam reagieren würden und diese könne es besonders treffen. Er schickte mich zu einem Arzt, der entsprechende Allergietests machte und auch alle möglichen alternativen Füllmaterialien von Kunststoff bis zu verschiedenen Goldlegierungen austestete. Ich reagierte auf fast Alles allergisch, sogar auf die Goldlegierungen. So ersetzte er die Amalgamfüllungen mit Cerec Keramik-Inlays. Cerec ist ein Gerät, das in den 80er Jahren an der ETH Zürich entwickelt wurde. Damit kann man eine Zahnhöhle (ausgebohrter Zahn) mit einer 3D-Kamera aufnehmen,um anschliessend hochpräzis ein passendes Inlay aus einem Keramikblock zu schleifen. Dieses kann direkt eingesetzt werden und sitzt perfekt. Heute sind diese Cerec Systeme sehr fortgeschritten, damals arbeitete mein Zahnarzt mit der ersten Generation.

Die Behandlungen zogen sich hin. Er arbeitete sehr sorgfältig, deckte alles immer gut ab, da beim Bohren natürlich das Quecksilber rauskommt und direkt abgesaugt werden muss. Es ist ja interessanterweise dann Sondermüll, sobald es unsere Zähne verlassen hat. Nachdem er einen Zahn behandelt hatte, spürte ich jeweils sehr stark, dass mein Körper aus der Balance kam. Es fühlte sich an, als ob er sich neu ausrichten müsste, um die Veränderung zu integrieren. Es brauchte jeweils einige Wochen, bis sich der Zustand beruhigte und stabilisierte. Dann wusste ich, dass ich jetzt den nächsten Zahn behandeln lassen konnte. So zog sich der Prozess über fast zwei Jahre hin. Die letzte Amalgamfüllung behandelte er im April, ich weiss nicht mehr genau, welches Jahr es war. Und siehe da, es war das erste Jahr, in dem ich keinen Heuschnupfen hatte. In jedem Jahr, später Mai bis weit in den Juni hinein, hatte ich immer wieder starke Anfälle gehabt, die auch vor allem die Augen betroffen hatten. Die sahen jeweils aus, wie die Augen eines toten Fisches und in dem Jahr nach der Amalgamentfernung geschah das kein einziges Mal. Ich war total erfreut und überrascht, damit hatte ich gar nicht gerechnet, ich hatte das ja vor allem als Krebsprävention gemacht. Und das ist so geblieben, Heuschnupfenzeiten sind Tempi passati. Daraus schliesse ich, dass mein Immunsystem ziemlich überreizt war, und die Entfernung dieses steten Stresses durch die Amalgamallergie hat mein Immunsystem soweit beruhigt, dass es auch keine Überreaktion auf Pollen und Gräser mehr zeigte.

Meine nächste Herausforderung war meine Migräne. Im Alter von 26 Jahren, genau am Tag an dem mein Bruder geheiratet hat, hatte ich meinen ersten «vollausgeschlafenen» Migräneanfall. Ich musste das Hochzeitsfest verlassen und nach Hause ins Bett gehen. Das ist ein Rätsel, das ich bis heute nicht gelöst habe. Es kann kein Zufall sein, dass ich genau an dem Tag die erste Migräne hatte. Die Migräne blieb für viele Jahre ein treuer Begleiter, mindestens einmal, häufig zweimal pro Monat, zwei bis drei Tage weg vom Fenster im dunklen Zimmer, unfähig irgendwas zu tun. Und das als alleinerziehende und erwerbstätige Mutter. Interessanterweise hat sich die Migräne insofern rücksichtsvoll gezeigt, als dass ich nie einen Kurs absagen musste. Ich habe ein paar Kurse in erbärmlichem Zustand geben müssen. Aber ich hatte das soweit unter Kontrolle, dass die Kursteilnehmer es in der Regel nicht merkten. Sobald ich dann nach dem Kurs zuhause war, überfiel sie mich in der Vollversion.

Dies alles hielt meine Forschungen am Laufen. Ich wollte ja den Zusammenhang zwischen Seele, Bewusstsein und Körper erforschen. Für mich war es klar, dass die Migräne mehr war als nur ein Durchblutungsproblem. Viele Beschreibungen der Migräne besagen, dass sie unheilbar sei und die genauen Ursachen nicht bekannt. Man nimmt auch an, dass sie genetisch veranlagt sei. Sagt man bei Krebs auch. Neuere Forschungen zeigen jedoch, dass das mit der genetischen Veranlagung nicht so eine klare Sache ist. Es gibt zwar Gene, die mit gewissen Krankheiten in einem klaren Zusammenhang stehen, aber das Vorkommen des Gens sagt nicht viel darüber aus, ob die Krankheit tatsächlich ausbricht. Es sind häufig andere Faktoren, wie Ängste und Überzeugungen, die die Krankheit auslösen. Das erste Mal, als ich über diese bahnbrechenden Erkenntnisse las, war im Buch von Bruce Lipton. Die deutsche Ausgabe heisst «Intelligente Zellen». Er ist Zellbiologe und hat viele Jahre an der Stanford University geforscht und gelehrt. Er beschäftigte sich mit der Frage, was das Verhalten unserer Zellen steuert. In dem Buch beschreibt er, für Laien verständlich, seine Tests und Forschungsresultate. Es gibt heute auch den wissenschaftlichen Bereich der Epigenetik, der sich hauptsächlich mit diesen Themen und möglichen Einflussfaktoren auf unsere DNA, sprich unser Erbgut, befasst.

Das finde ich heutzutage, im Zusammenhang mit den Corona Impfungen, die direkt ins Erbgut eingreifen einen Bereich, mit dem man sich vor der Impfung wohl besser etwas vertieft auseinandersetzen sollte. Bis 2012 gingen die Genetiker davon aus, dass rund 95 % unserer DNA «Junk DNA» sei, also ein Abfallprodukt. So wurde es gelehrt. 2012 fanden sie dann heraus, dass dem nicht so sei und benannten es um in «Control Center of DNA», ein Steuerungszentrum für lebenswichtige Funktionen. Aus diesem limitierten Verständnis heraus hat die Wissenschaft also bis 2012 genetische Forschung und Tests betrieben und daraus Schlüsse gezogen. Diese müssten heute im Licht der neuen Erkenntnisse neu validiert werden. Insbesondere das Betrachten der Genetik aus einem mechanistischen Verständnis des Körpers halte ich für sehr kritisch, weil es der Komplexität unserer Biologie und deren Wechselwirkungen nicht gerecht wird. Das kann leicht zu möglicherweise schwerwiegenden Fehleinschätzungen führen. Weiterführende Links im Appendix.

Die Genetik ist meines Erachtens ein Wissenschaftszweig, der noch in den Anfängen steckt. Die Forschung hat bis 2012 aus einer sehr limitierten Sichtweise heraus stattgefunden. Das frühere Verständnis sollte in Anbetracht der neuen Erkenntnisse neu validiert werden.

Viele Jahre folgte ich dieser Spur, getrieben von meinen körperlichen Symptomen. Vieles probierte ich an mir aus, nicht immer nur, um schnellstmöglich Symptome zu behandeln, sondern häufig auch einfach aus der Neugier heraus, etwas durch eigene Erfahrung kennenzulernen, um es für mich beurteilen zu können. Homöopathie, Chiropraktik, Osteopathie, Cranio Sacral, Akupunktur, Kinesiologie, Naturheilkunde, energetische Heiler aller Arten und mit unterschiedlichsten Methoden (und unterschiedlichsten Wirkungen). Auf der seelischen und geistigen Ebene befasste ich mich ausführlich mit Astrologie, Tarot und I Ging. Und ich las alles über diese Themen, was mir in die Finger kam – oder unter die Computermaus.

Vor allem interessierten mich neuere Forschungen im Bereich Quantenphysik und Biologie. Angefangen hatte alles mit dem Buch «Wendezeit», von Fritjof Capra, das ich in den 80er Jahren las. Capra ist Physiker. Es war ein bahnbrechendes Buch, man könnte schon fast sagen, ein Kultbuch, und Capra sprach vom Paradigmenwechsel. Wie häufig, wenn jemand gewohnte Perspektiven in Frage stellt, war auch dieses Buch umstritten. Es vermittelte eine neue Weltsicht, die uns befreien kann von kurzfristigem, egozentrischem Denken – der Krankheit unserer Zeit – hin zum nachhaltigen, ganzheitlichen Denken. Es bedeutet vor allem, nicht auf Kosten der folgenden Generationen zu leben, sondern ihre Lebensgrundlagen zu erhalten. Er setzte vor allem auf eine neue Gesundheitsbewegung in der die Menschen sich der Selbstverantwortung der eigenen Gesundheit bewusst werden, ein hochaktuelles Thema. Das Buch wurde 1982 veröffentlicht. Capra erwähnte auch die Arbeit von Ken Wilber und Stanislav Grof, zwei Menschen mit deren Lebenswerk ich mich in der Folge ebenfalls vertieft auseinandersetzte.

Ken Wilber ist ein amerikanischer Philosoph und Autor. Er befasst sich mit transpersonaler Psychologie und hat eine integrale Theorie entwickelt, eine systematische Philosophie, eine Synthese allen menschlichen Wissens und aller Erfahrungen aus den Bereichen Philosophie, Wissenschaft, Religionen und Mystik. Seine Arbeit, gepaart mit dem Verständnis von Spiral Dynamics, einem evolutionären Bewusstseinsstufenmodell, das vom Psychologen Clare Graves in den 70er und 80er Jahren entwickelt worden war, sind heute Basis meiner integralen Organisationsentwicklungsarbeit. Dazu mehr im dritten Teil.

Stanislav Grofs frühe Forschung in den 60er Jahren zur klinischen Anwendung psychedelischer Substanzen wurde am Psychiatrischen Forschungsinstitut in Prag durchgeführt, wo er ein Forschungsprojekt leitete, welches das heuristische und therapeutische Potential von LSD und anderen psychedelischen Substanzen systematisch untersuchte. Heute hat er über 60 Jahre Erfahrung in Forschung und Therapie mit paranormalen Bewusstseinszuständen, die er meist mit holotropem Atmen induziert. Er ist einer der Gründer und Cheftheoretiker der transpersonalen Psychologie. Nachdem Psychedelika in den 60er und 70er Jahren in den meisten Ländern auf die schwarzen Listen illegaler Substanzen gesetzt wurden, erfahren sie heute eine Renaissance. Damit sind sie nun wieder der systematischen psychologischen und pharmakologischen

Forschung zugänglich. Die Erfolgsraten bei der Behandlung chronischer Depressionen, posttraumatischer Belastungsstörungen und Angstzuständen sind so beachtlich, dass der Nutzen psychedelischer Substanzen nicht mehr von der Hand zu weisen ist.

Wissenschaftler begannen zu entdecken, dass es nicht nur physikalische und chemische Eigenschaften waren, aus denen sich unsere Welt zusammensetzt, sondern, dass alles, was existiert, auch ein Energie- oder Informationsfeld hat. Sie gingen davon aus, dass unsere physische Welt der Ausdruck des Energiefeldes ist. Das würde bedeuten, dass um in der Welt etwas nachhaltig zu verändern, ich in erster Linie das Energiefeld verändert werden muss. Rudolf Steiner sprach schon davon, unter anderem im Zusammenhang mit unserer Nahrung. Er nannte es «Sonnenkost», die lebendige Energie und Lebenskraft enthält. Ebenso sprach Dr. Maximilian Bircher, bekannter Erfinder des Birchermüeslis, vom Sonnenenergiegehalt der Pflanzennahrung. Das erklärt auch, warum häufig synthetisch erzeugte Vitamine und andere Mittel nicht gleich wirksam sind, wie ihre natürliche Variante. Man kann im Labor die chemischen und physikalischen Eigenschaften imitieren, aber offensichtlich scheint es nicht möglich, das Informationsfeld zu kopieren.

1956 haben Alexander Lowen und sein Lehrer, der Psychoanalytiker Wilhelm Reich, aus ihrer therapeutischen Arbeit mit Geist und Gefühl den Begriff «Bioenergetik» eingeführt. Alexander Lowen beschäftigte sich mit dem Energiehaushalt von Organismen und versuchte, den Haushalt unserer Energien auszugleichen beziehungsweise unsere ursprüngliche «Bioenergie» wiederherzustellen. Bioenergetik beachtet vor allem den körperlichen Ausdruck des Patienten und hat zum Ziel, das ursprüngliche Gleichgewicht zwischen Körper, Geist und Seele wieder herzustellen. Ein ganzheitliches Gleichgewicht im Körper liegt vor, wenn Spannung und Entspannung ausgewogen und keine Beschwerden vorhanden sind.

In all diesen Forschungsjahren zum Zusammenhang zwischen Seele, Energiefeld und Körper kaufte ich mir ein Gerät, ein sogenanntes nicht-lineares Analysesystem (NLS-Gerät), mit dem ich meinen Körper auf energetischer Ebene scannen konnte. Jedes Organ hat eine ihm eigene, charakteristische Energiestruktur, die sich so messen lässt. Ist ein Organ zum Beispiel von einem Virus befallen, so verändert das Virus die energetische Struktur und diese beginnt, die energetische Struktur des Virus anzuzeigen. Dies kann ein NLS-Gerät erkennen, bevor sich der Virus physisch, und von der Schulmedizin identifizierbar, manifestiert. Auch die von Albert Abrams entwickelte Radionik geht von diesem Verständnis aus. Andere Lehren, die von diesem Energiekörper sprechen, sind zum Beispiel die Theosophie und die Anthroposophie von Rudolf Steiner.

Die Möglichkeit, auf die eine oder andere Art das Energiefeld und seine allfällige Abweichung vom gesunden Zustand anzuschauen, kann also helfen, in einem sehr frühen Stadium Schutz- oder Balancemassnahmen zu treffen, bevor eine Krankheit sichtbar ausgebrochen ist. Ich habe dieses Gerät einige Jahre regelmässig benutzt, um Erfahrungen zu sammeln und seine Möglichkeiten und Grenzen auszuloten. Dabei habe ich sehr viel gelernt: über den Körper und Gesundheit. Ich habe dank meines technischen Hintergrunds Kurse zur Bedienung des Gerätes für Ärzte und Therapeuten angeboten, die damit arbeiten. Das brachte mir ein grosses und vielseitiges Netzwerk von Therapeuten, die mit ganz unterschiedlichen Heilmethoden vertraut waren und eine ganzheitliche Sicht auf Gesundheit hatten.

NLS Geräte sind natürlich höchst umstritten. Ich habe gelernt, dass es etwa soviele Definitionen von «wissenschaftlich» gibt, wie es Menschen gibt. Ein klassischer Schulmediziner findet zum Beispiel Homöopathie «unwissenschaftlich». Ein Arzt, der auch Homöopath ist, findet Homöopathie «wissenschaftlich», kann aber der Meinung sein, dass Radionik ein unwissenschaftlicher Blödsinn ist.

So ist alles relativ. Wenn jemand sagt etwas ist «unwissenschaftlich», lohnt es sich, genau nachzufragen, was damit gemeint ist, und auf welchem Hintergrund diese Aussage beruht, bevor man es einfach hinnimmt. Ich habe viele solcher Diskussionen geführt, weil es mich immer interessierte, wie verschieden Menschen ihr Verständnis ableiten und sich eine Meinung bilden. Einmal führte ich so eine Diskussion mit einem Arzt, der selber energetische Körperarbeit und Homöopathie praktizierte. Ich erzählte ihm von meinem NLS Gerät. Das fand er nicht akzeptabel und unwissenschaftlich. Als ich ihm von konkreten Heilerfolgen erzählte, wies er das mit dem Argument von sich, das sei der Placebo-Effekt gewesen. Ja, vielleicht, na und? Es gibt viele Ärzte, die der Meinung sind, dass bis zu 40 % der Wirkung von normalen allopathischen Medikamenten auf dem Placebo-Effekt beruhen. Also im Westen nichts Neues und kein Grund, sich dieser Heilmöglichkeit nicht zu bedienen. Meine Meinung. Wer heilt hat Recht.

Was habe ich beim Experimentieren mit diesem NLS-Gerät gelernt? Ein Scan dauert häufig rund 20 Minuten und liefert unglaublich viele Information über jedes System (Organe, Drüsen, Knochen, Blut- und Lymphsystem, Bindegewebe, Hirn- und Zellstruktur etc). Bei einem durchschnittlich gesunden Menschen geben viele Körpersysteme Abweichungen an, die jedoch im grünen Bereich sind. Und das ist normal so. Den «perfekten Körper» gibt es nicht. Unsere Körper haben hochintelligente Selbstheilungssysteme, die mit widrigen Einflüssen von aussen umgehen können, sich anpassen und diese ausgleichen. Einen «gesunden» Körper sollte man dabei nicht stören. Ebenso gibt es bei kranken Menschen Abweichungen in allen möglichen Organen und Systemen. Die Kunst besteht darin, den richtigen Ansatzpunkt zu finden, sozusagen zur Wurzel der Nicht-Balance vorzustossen, und mit der Behandlung dort anzufangen. Auf diese Weise können sich viele Folgesymptome von selbst auflösen, wenn die ursprüngliche Ursache gefunden wird. Wenn ich die vielen Erfolgsgeschichten von verschiedensten Therapeuten und Ärzten anschaue, stelle ich fest, dass die erfolgreichsten unter ihnen mit all diesen vielen Informationen sehr intuitiv umgegangen sind. Das heisst, die Bewertung, wo Schwerpunkte und zentrale Ursachen zu suchen sind erfolgte nicht auf einer analytischen Ebene, sondern auf einer intuitiven Ebene. Dazu mehr im Kapitel «Wir wissen dass wir Nichts wissen» im dritten Teil.

Was hat Heilen mit Netzwerk zu tun?

Auf meiner rastlosen Suche nach grossen Zusammenhängen, und nach wie vor getrieben von meinen körperlichen Einschränkungen, kam ich in Kontakt mit einer schamanischen Heilerin in Florida. Sie arbeitete mit einem System, das sie «Soul Clearing» nannte.

Soul Clearing ist ein alter und kraftvoller Prozess, der hilft die eigene Balance zu finden und Blockaden zu beseitigen. Er basiert auf der Tradition der Kahunas, der Meister der Geheimnisse und des Heilwissens einer Gruppe der Ureinwohner Hawaiis. Dieses Wissen wird heute vielseitig angewandt und wurde von vielen Menschen weiterentwickelt, respektive den Kenntnissen und Möglichkeiten unserer heutigen Zeit angepasst.

Die Methode basiert auf einem holistischen Modell, welches davon ausgeht, dass jeder Mensch aus verschiedenen Energiekörpern besteht. Der physische Körper ist der sichtbarste von allen. Daneben gibt es den Emotionalkörper, den Mentalkörper und andere ätherische Körper, welche alle zusammen die Seele beherbergen. Die Annahme ist, wenn die verschiedenen Energiekörper im Einklang mit meiner Seele sind, sich Wünsche mühelos manifestieren lassen. Wenn mein Kopf etwas will, was nicht im Sinne meiner Seele ist, so kann ich mich lange abmühen, es wird sich nicht erzwingen lassen. Oder ich will etwas, was zwar im Sinne meiner Seele ist, aber mein Unterbewusstes blockiert, weil Ängste, Glaubenssätze oder ungeheilte traumatische Verletzungen da sind.

Beim Soul Clearing verbindet man sich mit dem Höheren Selbst der Person und versucht in Bezug auf eine konkrete Fragestellung Unstimmigkeiten zu erkennen und alle Energiekörper harmonisch auf ein gemeinsames Ziel auszurichten, welches im Einklang mit dem höchsten göttlichen Plan dieser Seele steht.

Einige Jahre lang habe ich mit dieser Schamanin an meinen Themen und Blockaden gearbeitet. Sie bemerkte immer wieder, ich sollte lernen diese Arbeit auch zu tun, ich hätte alles, was es dazu braucht. Irgendwann liess ich mich überreden und absolvierte die Grundausbildung. Zum Abschluss ging ich für einige Zeit nach Florida, und wir behandelten Fälle aus meinem Bekanntenkreis gemeinsam, sie in der Rolle der Supervisorin.

Einige Freunde von mir stellten sich als Versuchskaninchen zur Verfügung. Als ich das erste Mal ganz allein einen Fall behandelte und durch das Ritual ging, machte ich dieselbe Erfahrung, wie bei meinem ersten Netzwerkkurs, als ich den Kurs vorgängig allein Klassenzimmer simulierte. Ich spürte, dass das sehr vertraut war, ich hatte das schon viele Male gemacht. Ziemlich grenzwertig für meinen logischen Verstand. Nicht wirklich erklärbar, aber die Wirkung der Behandlungen sprach eine eigene Sprache und so folgte ich weiter meinem Grundsatz «wer heilt hat Recht». Eine Erfahrung die ich dabei machte war, dass je weniger ich die Menschen mit denen ich arbeitete kannte, je weniger ich von ihnen wusste, desto wirkungsvoller waren die Behandlungen. Das hatte wohl vor allem damit zu tun, dass ich selber viel unbeteiligter war und keine persönlich gefärbte Erwartungshaltung hatte. Das ist meines Erachtens die hohe Kunst von Heilern, sich selbst aus der Linie nehmen und als möglichst reiner Kanal zur Verfügung stellen zu können.

So entstand in mir mehr und mehr der Wunsch, als Heilerin tätig zu werden. Das erschien mir sinnhafter und befriedigender, als ständig in Netzwerken rumzuturnen. Es musste ja auch kein Entweder-Oder sein. Ich konnte mir vorstellen, teilzeitmässig als Heilerin zu arbeiten und teilzeitmässig meine Netzwerkberatungen weiterzuführen.

«Wir haben ein grosses Netzwerkproblem. Seit drei Wochen kämpfen wir vergebens um Lösungen, um 10 Uhr ist Krisensitzung. Schaffen Sie das?», sagte die erregte Stimme am Telefon. Es war 9 Uhr morgens, an meinem ersten Sommerferientag. Ich hatte mir vorgenommen, einen Piloten zu starten und meine vier Wochen Sommerferien ganz dem Heilen zu widmen. Erste Kunden hatten sich schon gemeldet. Wäre ich in Thailand oder sonstwo auf dem Planeten gewesen, wäre die Antwort einfach gewesen. Aber in der Tat war ich gerade mit der Badetasche zwischen Greifensee und Zürichsee unterwegs. Also warf ich meine Badetasche auf den Rücksitz und fuhr nach Zürich.

Ich wurde in einem unterkühlten Krisenraum empfangen. Da sassen rund 40 Leute aus der internen IT Abteilung und schauten mich erwartungsvoll an. Mir wurde flau im Magen und ich wusste, ich komme hier nicht wieder raus, bis das Problem gelöst ist. Zu allem kam noch dazu, dass der CEO der Firma mir die Hand schüttelte und sagte: «Frau Hagen, tun Sie, was Sie für richtig halten. Es ist egal, was es kostet.» Ohje, das Problem schien schmerzhaft zu sein.

Ich tat, was man so tut, und fing an, die vierzig Leute zu befragen um mir einen Überblick zu verschaffen. Nach einer Stunde war klar, dass Nichts klar war. Es gab einige Vermutungen, keine Erhärtungen, keinen roten Faden, kein klares Muster. Ich ging davon aus, dass es möglicherweise mehrere Ursachen gab, die sich gegenseitig in gewissen Situationen hochschaukelten. Das Problem trat nicht permanent sondern nur zu gewissen Zeiten auf. Und ich wusste noch etwas, nämlich, dass ich nicht genügend Knowhow im Raum hatte, um die Lösung zu finden, sondern dass ich noch externe Experten dazunehmen müsste. Woher ich das wusste? Keine Ahnung! Nur, was ziehe ich für Experten bei, wenn ich noch nicht weiss, aus welcher Ecke das Problem kommt?

In Gedanken ging ich meine Netzwerkkontakte durch. Bei einem Kollegen aus England schlug mein Energiepegel aus. Ich ging die Liste mehrmals durch, immer mit demselben Resultat, wenn ich an diesen Kollegen dachte, ich nenn ihn mal Rob, dann spürte ich eine körperliche Reaktion (nein, ich war nicht verliebt in ihn). Es war sogar seltsam, weil ich ihn kaum kannte, geschweige denn je mit ihm gearbeitet hatte. Die einzige Begegnung mit ihm war an einer IT-Konferenz, wo er einen Vortrag hielt und ich spürte, dass er das Thema, über das er referierte, wie seinen Hosentasche kannte und sehr professionell präsentierte. Aber warum sollte ich ihn hier beiziehen? Sein Referat hatte nicht direkt mit Netzwerk zu tun sondern mit Betriebsystemen. Hier schien es sich jedoch um ein Netzwerkproblem zu handeln. Da ich keine bessere Idee hatte und mit der Aussage im Ohr «es ist egal was es kostet» rief ich ihn an um herauszufinden, ob er überhaupt verfügbar wäre, noch am gleichen Tag nach Zürich zu fliegen. Er meinte das sei seltsam, normalerweise sei er auf etwa vier bis fünf Wochen ausgebucht, aber diese Woche sei frei. Für mich ein zusätzliches Zeichen, dass er vielleicht der Richtige sein könnte.

Abends schlug ich dem Krisenteam vor, ihn beizuziehen, und das wurde bewilligt. Am nächsten Vormittag landete er in Zürich, ich holte ihn ab und hatte im Auto eine halbe Stunde Zeit, ihn auf seine Aufgabe vorzubereiten und ihm zu erklären, wie ich arbeite, da wir ja noch nie zusammen auf einem Projekt gewesen waren.

Um den Nicht-IT-Lesern die Langeweile zu ersparen, verzichte ich auf Details. Zusammenfassend kann ich sagen, nach zwei Tagen systematischer Analyse und einiger Tests, holte Rob meine Meinung zu seiner These ein. Seine Beobachtungen und nachfolgenden Schlüsse schienen nachvollziehbar und durchaus möglich. Nur ein Test konnte Klarheit bringen. Das schlugen wir dem Krisenteam vor und wir beschlossen, den Test durchzuführen. Wir brauchten einen Tag, um alles einzurichten, damit wir den Test durchführen konnten ohne die Umgebung zusätzlich zu gefährden. Und siehe da, am Freitag der ersten Woche zeigte der Test, dass die Hypothese richtig gewesen war und das Problem somit erkannt und lösbar war. Der CEO schüttelte mir wieder die Hand und meinte: «Frau Hagen, ich habe keine Ahnung, was Sie gemacht haben, aber vielen Dank!»

Robs Fachgebiet war wie erwähnt nicht das Netzwerk. Trotzdem wurde er zur Schlüsselfigur, da er das Problem aufgrund seiner Systematik und Sorgfalt schnell einkreisen konnte.

Im Anschluss an den Job, der inklusive Nachbereinigung und Dokumentation mehr oder weniger meine Sommerferien beansprucht hatte, nahm ich mir Zeit für eine sorgfältige Reflektion. Warum hatte ich das Problem lösen können, obwohl ich fachlich nicht mehr wusste als meine Vorgänger, die es erfolglos probiert hatten?

Ich ging den Ablauf beginnend beim ersten Telefonanruf durch und überlegte mir, welche Schritte mich und uns der Lösung näher gebracht hatten. Zuerst wurde mir bewusst, dass ich auf dem ersten Weg zum Krisenraum, mit der Badetasche auf dem Rücksitz, keine Sekunde einen Gedanken daran verschwendet hatte, dass ich es vielleicht nicht schaffen könnte. Dass wir das Problem lösen würden, war für mich offensichtlich von Anfang an klar, ich studierte nur darüber nach, wie ich vorgehen könnte, um möglichst schnell eine Lösung zu finden.

Aufgrund meiner vielseitigen Erfahrungen mit Grenzwelten, die offensichtlich in unsere sogenannte Realität hineinwirken, auch wenn wir sie nicht logisch erklären können, realisierte ich, dass das, was uns zur Lösung geführt hatte, eben nicht nur auf logischem

Fachwissen basierte, sondern dass es vielmehr einige Entscheide waren, die ich aufgrund meiner Intuition oder der Intuition von anderen Teammitgliedern gefällt hatte. Wenn wir uns in komplexen Systemen bewegen, wie es grosse Netzwerke definitiv sind, so kommt der lineare logische Verstand schnell an seine Grenzen. Ein solches Problem rein analytisch und logisch lösen zu wollen, ist kaum möglich, da es theoretisch zu viele mögliche Optionen gibt.

Ich ging mit meinem imaginären jenseitigen Team in den Dialog und fragte sie, warum sie mich zu diesem Netzwerkproblem abkommandieren, wenn ich doch so ein hehres und sinnhaftes Vorhaben hatte, mich drei Wochen lang ganz der Heilarbeit zu widmen. Und die Antwort kam relativ direkt: «Du bist eine Heilerin, aber Deine Aufgabe ist es, Organisationen zu heilen.» Ok. Interessante Information. Und wie soll ich mir das vorstellen? Sowas hatte ich noch nie gehört.

Ich unterhielt mich mit den unterschiedlichsten Menschen über diese Fragen. Plötzlich hatte ich eine Idee. Eine Freundin von mir, die in Berlin lebte, war Ärztin. Dorothea praktizierte jedoch nicht mehr als Ärztin sondern arbeitete als Therapeutin und systemische Aufstellerin. Sie nannte ihre Arbeit «Emotionale Prozessarbeit» und vieles basierte auf den Erkenntnissen und Methoden der systemischen Familienaufstellungen.

Durch ihren Hintergrund als Ärztin hatte sie sich unter anderem darauf spezialisiert, Krankheiten aufzustellen. Dies basiert auf ihrem Verständnis, dass die Krankheit eines Familienmitglieds nicht einfach das Problem des Individuums ist, sondern dass dem Problem eine Blockade oder ein Ungleichgewicht im Familiensystem zu Grunde liegt und der Kranke lediglich der Symptomträger ist. Durch die Aufstellungsarbeit betrachtet man nun die Symptome aus der Perspektive des Gesamtsystems und Interventionen betreffen folglich das Gesamtsystem. Dorothea hatte auf diese Weise in ihrer langjährigen Praxis ungewöhnlich viele Heilungen erzielt.

Eine Geschichte möchte ich hier wiedergeben, weil sie mich so beeindruckt hat. Dorothea hatte einen Patienten, der Insulin spritzen musste, weil seine Bauchspeicheldrüse nicht mehr arbeitete. Medizinisch geschulte Menschen wissen, dass das ein Zustand ist, der nicht rückgängig gemacht werden kann. Solche Patienten müssen für den Rest ihres Lebens Insulin spritzen. Dorothea arbeitete mit diesem Patienten und stellte unter anderem die Bauchspeicheldrüse mit auf. Nach wenigen Behandlungen war der Patient geheilt, seine Bauchspeicheldrüse arbeitete wieder, und er musste kein Insulin mehr spritzen. Dorotheas Kommentar: «Die Ärztin in mir kann das nicht verstehen aber ich habe es gesehen.»

«Sag mal, Du stellst Bauchspeicheldrüsen auf, kannst Du auch Netzwerke aufstellen, Router, Firewalls und ähnliches?» fragte ich Dorothea am Telefon. «Na klar,» sagte Dorothea, «das machen wir.»

Das war der Anfang einer zweijährigen Experimentierphase, in der wir rund viermal pro Jahr ein Aufstellungswochenende in Zürich durchführten und Netzwerke mit Performanceproblemen aufstellten. Dorothea und ihre Kollegin Christine leiteten die Aufstellungen. Teilnehmer und Repräsentanten waren ein Kreis von mehr als zehn Leuten, einige aus der IT und aus Kundennetzwerken, andere an der Aufstellungsarbeit und am Experimentieren interessierte Menschen ohne fachlichen IT-Hintergrund.

Meine ursprüngliche Vorstellung war, dass ich dann den Router fragen könnte, warum er die Netzwerkpakete nicht schnell genug weiterleite und er mir dann sagen würde, dass er ein Problem habe, weil die Firewall ihm nicht alle Pakete schicke...... oder so. Wäre doch praktisch, nicht? Statt lange studieren zu müssen und tausende von Paketen in aufgezeichneten Tracefiles analysieren zu müssen, einfach fragen und schnell und unkompliziert eine Antwort erhalten.

Leider war es nicht ganz so einfach. Was sich zeigte war, dass das alles eigentlich keine Netzwerkaufstellungen sondern vielmehr Organisationsaufstellungen waren und dass ein Netzwerk ein sehr guter Symptomträger von organisatorischen Blockaden und Unstimmigkeiten ist. Mit dieser Erkenntnis begann für mich eine neue Phase der systemischen und energetischen Arbeit mit Organisationen.

Kann menschliches Bewusstsein Computer beeinflussen?

Kann menschliches Bewusstsein Maschinen beeinflussen? Ein klassischer, Newton-basierter, mechanistisch denkender Mensch sagt «So ein Blödsinn, was für eine dumme Frage.»

Viele Leute können sich vorstellen oder haben selber erlebt, dass Gedanken und Einstellungen den Körper und die Gesundheit beeinflussen können. Wenn jemand eine schwere Krankheit mit schlechter oder gar kritischer Diagnose hat, ist es für Viele nachvollziehbar, dass der emotionale Zustand der Person eine wichtige Rolle im Hinblick auf den Krankheitsverlauf spielen kann und vielleicht sogar ausschlaggebend ist, ob die Person die Krankheit überwinden kann oder nicht. Dass unser Bewusstsein das Verhalten unserer Zellen beeinflusst, ist mittlerweile auch wissenschaftlich bewiesen, wie die bereits im Kapitel «Schnittstelle zwischen Bewusstsein und Körper» erwähnten Forschungen von Dr. Bruce Lipton zeigen. Dass also die Aktivierung oder Nicht-Aktivierung von Genen von Bewusstseinszuständen beeinflusst werden kann ist relativ breit akzeptiert. Aber Einfluss des Bewusstseins auf Maschinen?

«Darf ich Sie zum Essen einladen, wenn ich nach Princeton komme?», fragte ich Roger Nelson. Das war vor einigen Jahren, als ich vom «Global Consciousness Project» erfahren hatte. Da hatte ein Wissenschaftler an einer renommierten Universität tatsächlich seit Ende der 90er Jahre 24/7 Aufzeichnungen gemacht und in eine zentrale Datenbank geschrieben, um herauszufinden, ob das menschliche Bewusstsein einen Einfluss auf Computer haben kann. «It would be my pleasure.», antwortete er freundlich. Ich reiste unverzüglich nach Princeton.

Ich hatte die Global Consciousness Project (GCP) Website ausführlich studiert. Die Beschreibung sagte aus, dass es durch langjährige, an der Princeton University sorgfältig erarbeitete Forschungsergebnisse, wissenschaftlich bewiesen sei, dass Zufallsdaten beeinflusst und verändert werden, wenn Millionen von Menschen gemeinsam Emotionen teilen. Das Ganze war auf der Website untermalt mit Statistiken und Graphen, die spezifische Ereignisse beschrieben, wie zum Beispiel den Moment des Begräbnisses von

Lady Diana, den 11. September 2001 oder den Tsunami in Thailand im Jahre 2004 und viele andere Ereignisse von globaler Bedeutung. Da sprach man von signifikanten und weniger signifikanten Abweichungen von den Zufallszahlen und war sich anscheinend obiger Behauptung über die wissenschaftliche Bestätigung sicher. Da ich nicht viel von Statistik verstehe, war das für mich nicht so eindeutig nachvollziehbar. Aber es weckte mein Interesse und meinen Forschergeist. In meiner Netzwerkarbeit hatte ich immer wieder den Eindruck gehabt, dass Menschen mit einer speziellen Ausstrahlung und Einstellung, Netzwerke und Computersysteme beeinflussen können. Die erste Beobachtung war, als ich in der Treuhandfirma für die Filmgesellschaften die neue Software einführen musste. Der vorherige Treuhänder hatte Widerstand dagegen und unterstützte mich bei der Übernahme der Daten nur widerwillig. Es geschah wiederholt, dass das neue System abstürzte, wenn er daran arbeitete. In einem anderen Fall arbeitete ich an Netzwerkproblemen in einer Versicherungsgesellschaft. Es fiel mir auf, dass einer der Systemadministratoren eine sehr gestresste und unzufriedene Ausstrahlung hatte. Das Netzwerk war generell sehr fehleranfällig. Während der Arbeiten war er zwei Wochen in den Ferien und siehe da, die Fehlerrate sank deutlich. Kein Beweis aber auffällig. Aufgrund solcher früher Schlüsselerlebnisse habe ich diese Beobachtungen über Jahre weiterverfolgt und meine These hat sich laufend erhärtet. Aber dass man das beweisen kann?

Wenn menschliches Bewusstsein tatsächlich das Verhalten von Maschinen beeinflussen kann, hat das weitreichende Konsequenzen. Dann müssen wir unser Weltverständnis und auch unsere wissenschaftlichen Praktiken einer Neubeurteilung unterziehen. Es eröffnet einen Katalog neuer Fragen, die zu stellen und mit einem Open Mind zu erforschen sind.

Bevor ich mich in diese neuen Fragen reinstürzte wollte ich mein Verständnis vertiefen damit ich das besser nachvollziehen konnte. Darum der Wunsch, Roger Nelson zu besuchen.

Der Besuch war Gold wert für mich. Wir verbrachten zwei Tage im Austausch und ich konnte jede erdenkliche Frage zur Relevanz der Ergebnisse stellen. Meine Fragen wurden mehr als beantwortet. «To pick his brain» fragte ich ihn: «Wenn Du von einer Stiftung 10 Mio Dollar erhalten würdest für weitere Forschungen, was möchtest Du als nächstes auskundschaften?» Seine Antwort: «Nichts, ich habe alle Evidenz, die ich brauche. Ich würde das Geld dafür einsetzen, die Welt zu bereisen und mein Wissen zu verbreiten.»

Wie wurde die Forschung durchgeführt? Es wurde ein weltweites Netzwerk aufgebaut, mit gut 60 Zufallszahlengeneratoren (in Englisch «Random Number Generator» oder RNG genannt). Ein Zufallszahlengenerator ist eine Maschine, die laufend zwei Zahlen generiert: Nullen und Einsen. Jede Sekunde entscheidet sie sich mehrfach für eine Null oder eine Eins und die Wahrscheinlichkeit beträgt jedesmal 50:50. Unbestechlich. Das ist wie Münzenwerfen. Aber es läuft elektronisch und lässt sich aufzeichnen. Diese RNGs nannte er EGGs. Das sind keine Eier, sondern ein Wortspiel für Elektro-Gaia-Gram in Anlehnung an EEG für Elektroenzephalogramm. Diese 60 EGGs produzieren nun jede Sekunde ihre Nullen und Einsen und die Daten werden in eine zentrale Datenbank an der Princeton University geschrieben. 24/7 – Jahrelang, bis heute. Das eröffnet die Möglichkeit, bei Ereignissen, die globale Wellen werfen, nachträglich die Daten zu konsultieren und zu schauen, ob und wie ein Ereignis die normale 50:50 Verteilung verändert hat.

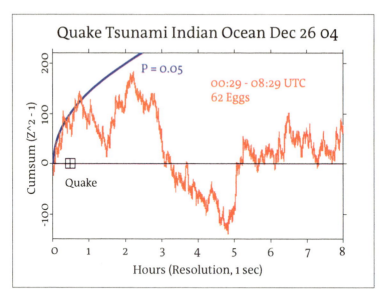

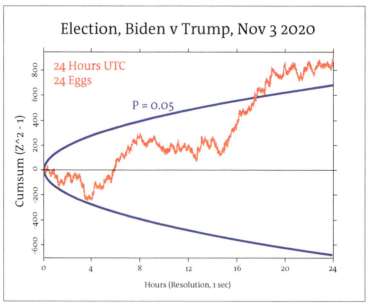

Graphiken von Global Consciousness Project – www.global-mind.org

Ein wichtiges Startereignis für diese ausgedehnte Forschung, an der über 100 Wissenschaftler weltweit beteiligt waren, war der Tod von Prinzessin Diana. Die Princeton University hatte schon Jahre vor ihrem Tod Versuchsanordnungen entwickelt, die jedoch vorwiegend lokale Tests mit Individuen durchführte. International gab es eine ganze Gruppe von Wissenschaftlern, die ähnliche Experimente mit RNGs durchführten. Diese schlossen sich nun zusammen und stellten für das Begräbnis von Lady Diana zwölf RNGs in Europa und den USA zur Verfügung, die während dieses hoch-emotionalen Anlasses von globaler Reichweite die Aufzeichnungen machen würden. Die Daten wurden am PEAR Lab (Princeton Engineering Anomalies Research Lab) an der Princeton University zusammengeführt und analysiert.

Bereits vorgängig, bei der Ermordung des israelischen Präsidenten Yitzchak Rabin 1995, konnten die Wissenschaftler umfassendes Datenmaterial sammeln. Die Analyse zeigte eine massive, signifikante Abweichung von Zufallszahlen, es trat eine Ordnung in den Zahlen ein, die nicht erklärbar war. Das Besondere daran war, dass die Abweichung exakt im Moment der Ermordung begann, als noch keine Nachrichtenagentur der Welt darüber berichten konnte. Die massive Abweichung dauerte eine halbe Stunde. Damals gab es jedoch noch kein wissenschaftliches Protokoll. Das heisst, die wissenschaftlichen Werkzeuge fehlten, um einen wissenschaftlich haltbaren Nachweis zu erbringen.

Beim Begräbnis von Lady Diana war man vorbereitet. Während der Zeremonie, in der Milliarden von Menschen in gemeinsamer Trauer zusammenkamen, angeführt von Lady Dianas Söhnen, begleitet von Elton Johns berührendem Song «Goodbye England's Rose», zeichneten zwölf weltweit platzierte, voneinander völlig unabhängige Zufallszahlengeneratoren Nullen und Einsen auf und schickten sie nach Princeton zur Auswertung.

Das Resultat war eindeutig. Es erfolgte eine deutliche Abweichung von den zu erwartenden Normwerten. Die Maschinen lieferten keine Zufallszahlen mehr. Es trat eine nicht erklärbare Ordnung ein, nicht nur beim RNG in Princeton sondern an allen Aussenstationen. Die Auswertung von 500 Events zwischen 1999 und 2019 ergibt eine Wahrscheinlichkeit von 1 zu 100 Mrd. dass es nur Zufall war.

Dieses eindrückliche Ergebnis führte dazu, dass innerhalb von zwei Monaten ein globales Netzwerk zur systematischen und wissenschaftlichen Erforschung der Auswirkungen von Bewusstsein entwickelt wurde, das Global Consciousness Project (GCP). An diesem Projekt beteiligten sich über die Jahre mehr als hundert Experten und die Resultate wurden von vielen Wissenschaftlern in unterschiedlichsten Bereichen mit Interesse verfolgt.

9/11 war natürlich ein weiteres wichtiges Ereignis für diese Betrachtung. Auch hier waren die Abweichungen eindeutig. Das Erstaunliche hier war, dass die Abweichung bereits vier Stunden vor dem Aufprall des ersten Flugzeugs auf den Tower auftrat. Eine Beobachtung, die man nicht erklären sondern im Moment nur Hypothesen aufstellen kann. Solche Fakten zu verstehen wird Gegenstand weiterer Forschungen sein müssen.

Wer sich vertieft damit auseinandersetzen möchte, für den gibt es drei Bücher von Roger Nelson (alle im Appendix gelistet). «Connected – The Emergence of Global Consciousness» (aktuell nur in Englisch) beschreibt das Global Consciousness Projekt, mit detaillierten Beschreibungen der Aufzeichnungen und Auswertungen und mit vielen Beispielen von Ereignissen aller Art. Dabei werden nicht nur Katastrophen oder traurige Anlässe, sondern auch Effekte von globalen Meditationen, Feiern, oder heiligen Zeremonien untersucht.

Das zweite Buch heisst «Der Weltgeist» und beschreibt, wie wir alle miteinander verbunden sind». Das GCP ist dabei eine wichtiger Teil, es werden allerdings auch andere Forschungsprojekte diskutiert. Das dritte Buch hiesst « Die Welt-Kraft in Dir» und beschreibt den Einfluss unserer Gedanken auf Materie, Ereignisse und Gesundheit.

Meine Erlebnisse im Zusammenhang mit der Krebsdiagnose meiner Mutter und die Diskrepanz zwischen der schulmedizinischen Erklärung und ihrem intuitiven Umgang damit, die Erlebnisse in meiner Arbeit mit Netzwerkproblemen und die darauffolgenden Aufstellungsexperimente, sowie diese Erkenntnisse aus dem GCP Projekt von Roger Nelson bilden die Grundlage für meine heutige Forschung und Arbeit mit Organisationen.

Teil 3

Ernte

In diesem dritten Teil des Buches beschreibe ich, wie ich all meine Erfahrungen und Forschungen in meine heutige Arbeit integriere und stelle meine Konzepte vor, wie ich die Welt heute betrachte sowie Werkzeuge, die ich in meiner Arbeit mit Organisationen einsetze.

Aus heutiger Sicht sage ich: Ich bin zur Welt gekommen, weil ich erforschen wollte, wie Bewusstsein funktioniert. Eine immer wiederkehrende Rolle in meiner Arbeit wie auch in meinem Privatleben ist die einer Brückenbauerin. Mein heutiges Leben empfinde ich als sehr reich und vielseitig, und ich bin überzeugt, dass wir als Menschheit vor einem gigantischen Bewusstseinssprung stehen, den ich gerne erleben und auch mitgestalten möchte.

At the Edge of the Cliff

Und jetzt? Ich habe das Gefühl, ein zweites Leben angefangen zu haben. Es fühlt sich an, als ob ich meinen ursprünglichen Lebensplan vollzogen und erfüllt hätte. Der erste Lebensplan bestand darin, die Grenzen der dreidimensionalen Welt auszuloten und herauszufinden, ob und wie man sie sprengen kann. Dazu gehörten alle meine Bewusstseinsexperimente, um herauszufinden, wie man in dieser dreidimensionalen Welt manifestieren kann. Dazu gehörte das Wunder, ein Kind zur Welt zu bringen und aufwachsen zu sehen. Das war notabene nicht einfach ein Forschungsprojekt sondern ein Herzenswunsch, gab aber gleichzeitig meinen Forschungen viel Nahrung. Es gehörte auch dazu, als alleinerziehende Mutter ein Haus zu kaufen, eine Firma zu gründen, Bücher zu schreiben, komplexe Netzwerkprobleme zu lösen und vieles mehr.

Ich lebte mein Leben im Experimentiermodus. Wenn jemand sagte «das ist nicht möglich», dann fing es erst richtig an, mich zu interessieren.

Als ich 2012 meinen «Burnout» hatte – der Bulldozer – dachte ich, es wäre jetzt Zeit nach Hause zu gehen. Ähnlich wie meine Mutter, die mit 54 starb, dachte ich, es ist gut so wie es war. Die wirklich wichtigen Dinge, die ich mir im Leben vorgenommen hatte, habe ich erlebt und erfüllt. Meine Mutter war 1982 gestorben, mein Vater 2012, und ich hatte mich im Frieden von Beiden verabschiedet. Meine Tochter war nun 24 Jahre alt, stand gesund und gut geerdet, mit viel Freude und Kreativität im Leben, hat einen wundervollen Freundeskreis und spannende Jobs.

Warum also nicht gehen? Dann stellte ich mir die Frage: Wenn ich nun drüben auf der anderen Seite wäre und mir überlegen würde, ob ich nochmals eine Runde auf dem schönen blauen Planeten drehen möchte, was wäre es, was mich begeistern würde? Wofür würde ich das nochmals machen? Was möchte ich erleben und erforschen?

Sofort kamen mir zwei wichtige Themen in den Sinn. Als ich diese näher betrachtete, dachte ich: Spannend, um das zu erleben muss ich mich gar nicht erneut inkarnieren, da kann ich ganz einfach auch bleiben.

Und so bin ich nun immer noch da, es kommt mir jedoch vor, als ob ich eine zweite freiwillige Runde eingelegt hätte. Es fühlt sich viel leichter und verspielter an als der erste Teil. Und womit beschäftige ich mich denn jetzt vor allem? Mit der nächsten Stufe der Evolution.

Nicht nur ich stand 2012 «at the edge of the cliff» – wir als Menschheit stehen «at the edge of the cliff». Die Weltlage fordert uns heraus, uns neu zu definieren. Die Weltsicht und Verhaltensweisen der letzten Jahrzehnte werden unsere Probleme nicht lösen können. Das Klimathema, die Übermüllung des Planeten mit Plastik, das Vergiften unserer Lebensgrundlagen wie Lebensmittel und Trinkwasser mit Plastik, Antibiotika, Pestiziden, das Ausrotten vieler Tierarten, das Zerstören von natürlichen Kreisläufen – wir sind gerade dabei, uns den Boden unter den Füssen wegzuziehen. Der Planet wird überleben, er hat während des Lockdowns gezeigt, dass er sich relativ schnell erholt. Die Frage ist, ob mit uns, oder ohne uns.

Spiral Dynamics – oder der Sprung über die Klippe

In meiner Arbeit in integraler Organisationsentwicklung setze ich das Bewusstseinsstufenmodell von Clare Graves ein, heute Spiral Dynamics genannt. Clare Graves war Professor der Psychologie in New York und entwickelte in der zweiten Hälfte des 20. Jahrhunderts dieses Stufenmodell. Er beschrieb damit die Entwicklung des menschlichen Bewusstseins im Laufe der Evolution. Ausgangslage für seine Forschung war die Bedürfnispyramide von Abraham Maslow, der ein Zeitgenosse und Kollege von ihm war.

Bei der Orchestrierung von Teams in Organisationen, im Umgang mit Widerständen und Konflikten, bei der Planung von Massnahmen und Interventionen zur Organisationsentwicklung hat sich die Betrachtung der Dynamiken durch die Brille dieses Modells sehr bewährt. Für jemanden, der seine Organisation integral führen will, ein fast unentbehrliches und hilfreiches Modell. Es kann jedoch auch im Bereich der Persönlichkeitsentwicklung gute Dienste leisten.

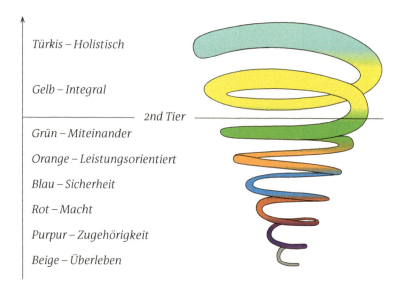

Hier eine Kurzbeschreibung der Stufen. Ich beginne bei der Beschreibung mit Beige, das die unterste Stufe darstellt. Jede weitere Stufe baut auf den vorhergehenden auf und integriert diese. Die Spirale ist nach oben offen.

Beige – archaisch, Überleben, Instinkt, der Neandertaler

Purpur – Stämme, Zusammengehörigkeit, Magie, Ahnenverehrung, Rituale

Rot – Durchsetzung und Expansion durch Willen und Selbstbehauptung, impulsiv (plant nicht), Heldentum, Egozentrik, Ich-Emergenz

Blau (Amber) – Ordnung und Stabilität durch Regeln, äussere Autorität wird nicht hinterfragt, strukturierte Prozesse, Befehl und Kontrolle, Hierarchie, Moral, Schwarz-Weiss-Denken

Orange – Wohlstand und Erfolg durch Wissenschaft und Fortschritt, Wettbewerbsorientierung, bildet sich eine eigene Meinung, kann Autorität in Frage stellen, Management by Objectives

Grün – Menschlichkeit und Miteinander durch Verbindung auf Augenhöhe, Mitgefühl, Sinnhaftigkeit, alle Perspektiven verdienen gleichen Respekt, Bewusstsein des Eingebettet-Seins in ein grösseres Ganzes (Gesellschaft, Nation, Planet)

Gelb (Teal) – Bewusste Entwicklung, Evolution durch Intuition, wertefreie Integration aller vorhergehenden Stufen, Konstruktivismus, Fähigkeit mit Nicht-Wissen und Paradoxien umzugehen, vom Tun zum Sein, Gelb ist die erste Stufe des zweiten Ranges (2nd Tier)

Türkis – Kollektive Intelligenz, holistisches Sein und Handeln

Mit dem Erscheinen der Stufe Teal/Gelb geht eine Fähigkeit einher, mit Paradoxien und Nicht-Wissen umgehen zu können, diese «auszuhalten». Im Hinblick auf die nachfolgenden Beschreibungen ist es gut, sich das zu vergegenwärtigen, weil unser normaler Alltagsverstand da einige Widerstände hat.

Clare Graves ging davon aus, dass eine neue Stufe jeweils entstand, wenn die vorherige Stufe ihre Reife überschritten hatte, wenn sich Symptome des Zerfalls zeigten und die Art und Weise, wie man das Leben bewältigte nicht mehr hilfreich war. Dies, weil die Umwelt sich veränderte und es mit den neuen, stets komplexeren Anforderungen nötig wurde, neue Bewältigungsmechanismen zu entwickeln. Diese Symptome initialisieren das Erscheinen der nächsten Stufe, wo man um ein neues Verständnis ringt und neue Verhaltensweisen und Werte entwickelt.

Entwickelt sich jemand auf dem ersten Rang, so sind seine Triebfedern meist der Wille zu überleben, Widerstände, Hemmnisse und veränderte Rahmenbedingungen zu überwinden oder zu meistern. So wie wir heute durch Klimakrisen und Pandemien herausgefordert sind, als Kollektiv neue Bewältigungsstrategien zu entwickeln. Wenn deutlich sichtbar wird, «dass es so nicht weitergehen kann», ist es Zeit für die Gestaltung der nächsten Ebene.

Auf dem zweiten Rang hingegen entwickeln sich Menschen aus der reinen Freude am Leben und der Weiterentwicklung und Erforschung der Zukunft und ihrer unbegrenzten Möglichkeiten.

Spiral Dynamics ist nicht als Typologie zu verstehen. Diese Stufen sind alle in uns angelegt, sie sind Teil unserer DNA und damit in all unseren Zellen. Sie stehen uns allen zur Verfügung und wir können sie, je nach Bewusstseinsentwicklung, dynamisch und situativ einsetzen. Ein Mensch «ist» nicht «blau» oder «orange», er «verhält» sich in einer bestimmten Situation «blau» oder «orange». Und wenn wir uns bedroht fühlen, oder in Angst oder gar Panik geraten, dann können wir aus dem Beige Level heraus reagieren, weil wir um unser Überleben kämpfen.

Bei einem Baby werden die Stufen der Evolution in Zeitraffer durchlaufen. Die ersten Wochen im Beige-Modus, dann die magische Purpurphase, wo das Kind sich seines Ichs noch nicht bewusst ist. Die Stufe Rot, wo sich das Bewusstsein für Individualität, für das Ich zu bilden anfängt, entspricht dann der legendären Trotzphase, die wohl alle, die Eltern sind bestens kennen. Das kann eine anstrengende Phase sein, ist letztendlich aber für die Persönlichkeitsbildung sehr wichtig. Ein Kind, das diese Trotzphase in liebevoller Atmosphäre und mit respektvoller Unterstützung durchleben kann, entwickelt ein gesundes Selbstbewusstsein, ein gutes Gefühl für Grenzen und wie man sich, wenn es drauf ankommt, sinnvoll abgrenzen kann. Das heisst, ein solches Kind hat später als Erwachsener Zugang zu einem gut und gesund entwickelten Rot, um es in der Spiral Dynamics Sprache zu sagen. Das heisst nicht, dass wenn in dieser Phase was nicht gut läuft, ein gesundes Selbstbewusstsein und klare Grenzen setzen nicht mehr möglich sind, aber diese Fähigkeit muss dann anders erarbeitet werden. In der Schulzeit kommt in der Regel Blau und Orange und je nach Prägung taucht Grün früher oder später auf.

Vertikale Weiterentwicklung auf der Spirale bedeutet: Jede Stufe definiert Werte anders. Was jemand unter Loyalität, Ethik, Verantwortung, Gesundheit oder guter Leadership versteht, hängt davon ab, aus welcher Bewusstseinsstufe heraus die Frage betrachtet wird. Das individuelle Potenzial jedes Einzelnen und damit auch von Teams kann damit freigesetzt werden, wahrscheinlich einer der wichtigsten Erfolgsfaktoren für Organisationen in der nächsten Zukunft.

Clare Graves sagte voraus, dass die Entwicklung von Grün auf Gelb/Teal einen Quantensprung in der menschlichen Entwicklung bezeichnen würde, da Gelb/Teal die erste Stufe zweiten Ranges (2nd Tier) ist. Dazu sagte er:
«Human nature is preparing for a momentous leap.»
Wenn wir die aktuellen Ereignisse in der Welt anschauen (Klima, Wirtschaft, Zerfall USA, Corona u.a.m.) so befinden wir uns wahrscheinlich mitten in diesem Sprung. Kein Wunder ist es grad etwas «rocky» auf dem Planeten.

Was ist der Unterschied zwischen dem ersten und zweiten Rang?

Die Ebenen des ersten Ranges gehen davon aus, dass ihre Sichtweise der Welt die einzig richtige ist. Das ist Zündstoff für Konflikte, Kriege und Terrorismus. Beginnend bei Gelb auf dem zweiten Rang, entsteht das Verständnis dafür, dass alle Ebenen in ihrem Kontext eine Berechtigung haben und angemessen sind. Aus dem vorherigen «entweder-oder» entsteht ein «sowohl-als-auch». Auf der gelben Ebene entsteht ein Raum, in dem alle vorherigen Ebenen zusammenkommen und in ein grosses farbiges Bild integriert werden können. Dabei ist jede Ebene für das Ganze von Bedeutung und trägt ihre spezielle Sichtweise und Qualitäten bei. Das heisst zum Beispiel im Organisationsumfeld: Es müssen nicht alle «Teal» werden, damit eine Organisation «Teal» ist, wie im Buch «Reinventing Organizations» von Frederic Laloux beschrieben. Im Gegenteil. In einer gesunden Organisation sollten alle Stufen in einer gesunden Ausprägung vorhanden sein. Aber am richtigen Ort. Also einen Mitarbeiter, der eine starke Blaubetonung in seinem Verhalten hat, für den ist ein Job in der Buchhaltung oder Steuerabteilung ein Ort wo er seine Stärken entfalten kann. Ihn in die Marketing- und Innovationsabteilung zu stecken, dürfte schwierig werden. Dort wünschen wir uns Mitarbeiter mit Oranger und Grüner Betonung.

Die Ebenen des ersten Ranges kann man auch als fragmentierte Ebenen bezeichnen. Die Welt wird dabei aus einer Sicht des Abgetrenntseins und der Isolierung betrachtet, in der Ressourcen limitiert sind und jeder aufpasst, nicht zu kurz zu kommen. Auf dem zweiten Rang entsteht eine ganzheitliche Sicht. Der Mensch sieht sich eingebettet in ein grösseres Ganzes, den Kosmos, sieht sich und die Welt in der Fülle und erfreut sich an der Kreativität.

Auf Gelb sind Menschen nicht mehr angst- und ego-getrieben und darum weitgehend nicht mehr manipulierbar.

Sie lernen, dass es mehr gibt als das Sicht- und Messbare, sie lernen, dass die Welt vernetzt ist, ein Energiefeld hat und dass man damit arbeiten kann. Gelb übernimmt viel mehr Verantwortung für die Welt und versteht sich als Schöpfer. Während die Stufen des ersten Ranges noch mehrheitlich von einer äusseren objektiven Welt ausgehen, in der man Handeln muss (Doing), versteht Gelb mehr und mehr die Gesetzmässigkeiten des Erschaffens aus dem Bewusstsein und bewegt sich damit vom Doing zum Being.

Dazu gibt es auch heute schon im Firmenumfeld Praktiken wie «Theory U» von Otto Scharmer, einem Professor am MIT (Massachusetts Institute of Technology), der Pionierarbeit leistet. Seine Arbeitsgrundlage lautet: «Um die Probleme der Gegenwart zu lösen, können wir nicht auf Erfahrung und Wissen der Vergangenheit bauen, wir müssen aus der Zukunft lernen um echte Innovation zu gestalten.» Die neuen Kompetenzen die wir dazu brauchen sind das Erkennen, dass unsere Körper und Emotionen unerlässliche Wegweiser auf unserem Weg zur Weiterentwicklung sind und das Üben von intuitiven Praktiken, wie zum Beispiel Aufstellungsarbeit mit Teams und Organisationen. Arbeiten mit der Spirale kann bedeuten, in einer Organisation in einem ersten Schritt das Fundament stabil und gesund herzustellen, sicherzustellen, dass Rot, Blau und Orange in einer gesunden Ausprägung am richtigen Ort gelebt werden.

Wenn Menschen in einem Team zum Beispiel kein gesundes Rot haben, können sie sich nicht wirklich für ihre Meinung einsetzen, sie haben keine Durchsetzungskraft, weil sie nicht gelernt haben, sich gesund abzugrenzen. Das kann dazu führen, dass sie nicht mit offenen Karten spielen, dass sie versuchen, ihre Ziele hinten rum zu erreichen (die berühmten Hidden Agendas). Organisationsentwicklung im Grünen Bereich setzt auch die Bereitschaft zur Persönlichkeitsentwicklung voraus. Die Beziehungsfähigkeit in einem Team kann nur verbessert werden, wenn jeder bereit ist, die Verantwortung für sich und seine Gedanken und Gefühle zu übernehmen und seine Projektionen zurückzunehmen. Die meisten werden Situationen kennen, wo man sich durch das Verhalten von jemand anderem immer wieder getriggert fühlt und sich ärgert. Schaut man dann genauer hin, entdeckt man häufig, dass es mehr mit einem selber zu tun hat, dass man zum Beispiel eine Angst oder ein Gefühl des Unvermögens nach Aussen projiziert hat. So einen Trigger kann man nur bei sich selber lösen.

Erst dann, wenn diese Grundlagen gegeben sind, ist es möglich, sich Richtung Grünes Wertesystem, also zu einer Agilen Organisationskultur zu entwickeln. Viele Firmen arbeiten aktuell grad an diesem Schritt, agile Transformationen sind in aller Munde. Häufig haben Stolpersteine in diesen Projekten damit zu tun, dass Agilität noch aus einem stark Orange geprägten Bewusstsein heraus verstanden wird und damit das Potential der Grünen Werteebene noch gar nicht ausgeschöpft werden kann. Der Schritt auf Teal/Gelb, wie Frederic Laloux das in seinem Buch beschreibt ist erst in einem nächsten Schritt möglich, wenn die Grüne Werteebene stabil und gesund integriert ist.

Spannend nicht? Was bedeutet das für mich in meinem persönlichen Kontext?

Wenn ich mein Leben aus Sicht der Spirale anschaue, kann ich vereinfacht ausgedrückt sagen: Mein Leben bis zum Jahre 2012, bis zu meinem Burnout, hat sich darum gedreht, diese Entwicklung bis Stufe Grün zu verstehen und bewusst zu gestalten.

Meine zweite freiwillige Runde widmet sich dem Thema, «Wie können wir als Menschheit Gelb entwickeln und damit uns und unseren schönen blauen Planeten in eine gesunde lebensfördernde Balance bringen?».

Hier stehen wir auf der grünen Wiese (Wortspiel beabsichtigt), da gibt es keine vorgegebenen Pfade, das müssen wir gemeinsam gestalten, ko-kreieren, um es mit Otto Scharmer zu sagen: von der Zukunft lernen.

Wenn wir betrachten, wie sich unsere Wissenschaften entwickelt haben, so zeigen sie uns einen interessanten Spiegel. Es wird aus meiner Sicht erkennbar, was der Sprung vom ersten Rang zum zweiten Rang bedeutet, respektive bedeuten wird, wenn wir es zu integrieren lernen.

Abschied von der objektiven Realität

In der Zeit der Aufklärung haben wir das heute noch weitgehend gültige Wissenschaftsbild definiert. Es geht davon aus, dass es eine von uns unabhängige objektive Realität gibt. Wirklichkeit wird dabei definiert als das, was sicht- und messbar ist. Auch das Gesetz von Ursache und Wirkung scheint für uns selbstverständlich zu sein. Die Welt ist eine grosse Maschine. Wenn wir sie ausführlich erforschen und verstehen wie sie funktioniert, so können wir sie auch beherrschen und manipulieren. Es ist klar definiert, was naturwissenschaftliche Methoden sind und diese müssen streng befolgt werden. Dabei wird häufig zuwenig beachtet, dass eine wertefreie Analyse von Daten und deren Auswertung eigentlich nicht möglich ist. Um wissenschaftliche Erkenntnisse zu sammeln, müssen Wissenschaftler Fragen formulieren und Experimente gestalten. Dies geschieht natürlich im Rahmen der jeweiligen kulturellen Prägung. Hier könnte man für eine vertieftere Betrachtung die genannten Bewusstseinsstufen beiziehen und sich fragen, wie würde das Blaue Bewusstsein diese Fragestellung angehen, oder vielleicht sogar «Würde Blau diese Frage überhaupt stellen?». Und wie würde im Unterschied dazu das Orange oder das Grüne Bewusstsein dieselbe Fragestellung angehen. Die experimentell erarbeiteten Resultate werden dann ebenfalls durch die Brille der aktiven Bewusstseinsstufe respektive durch die zur Zeit geltende Kultur interpretiert. Das bedeutet, objektive Realität gibt es nicht und Wissenschaft ist die Interpretation von Daten aus unterschiedlichen Perspektiven. Allein dies zu verstehen wirft ein neues Licht auf viele polemisch oder manchmal schon fast «religiös» geführte wissenschaftliche Auseinandersetzungen.

Wir haben heute einen eher ambivalenten Umgang mit diesen Fragen. Viele hängen noch am objektiven Weltbild fest, das vermeintlich neutral ist (mindestens stellen wir uns das so vor und es beruhigt uns). Wir gehen dann gerne davon aus, dass wenn es korrekt wissenschaftlich erforscht wird, es eine allgemein gültige Wahrheit darstellt. Die Welt als Maschine erklärt. Als Beispiel für die Ambivalenz könnte man das Thema des Placebo Effektes beiziehen.

Wir haben Medikament X genau erforscht und seinen Wirkungsradius definiert und getestet. Jetzt gibt es unzählige Untersuchungen über den Placebo Effekt. Dabei werden meistens zwei Gruppen von Menschen mit einem Medikament behandelt. Die eine Gruppe erhält das richtige Medikament, die andere Gruppe erhält ein Placebo (Zuckerkügelchen). Niemand weiss, in welcher Gruppe er ist, das heisst, ob er das Medikament oder das Placebo einnimmt. Wie ist es nun möglich, dass Menschen, die das Placebo einnehmen, dieselben Wirkungen aufzeigen, wie jene, die das richtige Medikament einnehmen? Häufig zeigen die Menschen aus der Placebo Gruppe sogar auch die Nebenwirkungen, die das Medikament auslösen kann. Wenn die Welt wie eine Maschine funktionieren würde, wäre so etwas nicht möglich.

Es gibt auch umgekehrte Experimente, die zeigen, dass Menschen hochgiftige Mittel zu sich nehmen können, die eigentlich zum schnellen Tod führen müssten. Sie tun dies entweder in der Überzeugung, es könne ihnen nichts anhaben, oder weil man ihnen gesagt hat, es sei Wasser. Und siehe da, der Körper reagiert nicht auf das Gift.

Hier beeinflusst plötzlich Gedankenkraft und Überzeugung körperliche Reaktionen und chemische Gesetzmässigkeiten. Es gibt viele andere Experimente und Erkenntnisse aus anderen Bereichen, die ähnliche Fragen aufwerfen. Wir wissen es alle, aber was das nun wirklich bedeutet und was es allgemein für Konsequenzen haben kann, ist uns noch nicht wirklich bewusst. Häufig möchte man es ja auch gar nicht so genau wissen. Denn wenn wir diese Erkenntnisse und Gedanken konsequent weiterdenken, müssen wir uns von einem Grossteil unseres Weltbildes verabschieden – und das kann sich sehr ungemütlich anfühlen.

Albert Einstein tat genau das. Er hatte den Mut, völlig neu zu denken und Fragen ausserhalb der bekannten Gedankenmuster unserer Kultur und Wissenschaft zu stellen. Er zeigte mit seiner berühmten Relativitätstheorie auf, dass Raum und Zeit keine voneinander unabhängige Grössen sind. Darauf folgten Leute wie Werner Heisenberg und Erwin Schrödinger (und später viele andere mehr) und formulierten die Quantenmechanik, die das Verhalten von Materie im atomaren und subatomaren Raum beschreibt. Durch die Entwicklung der Quantenmechanik hat sich unser Verständnis von der Struktur der Materie und ihrer Wechselwirkungen revolutionär verändert. Mit ihrer Hilfe konnten zahlreiche Phänomene erklärt und neue vorhergesagt werden, die sich der anschaulichen Vorstellung entziehen. Die betreffenden Phänomene lassen sich jedoch mathematisch präzise beschreiben und konnten experimentell sehr genau bestätigt werden. Die Experimente zeigten auch, dass der Mensch in keiner Weise unabhängiger Beobachter einer objektiven Realität ist, sondern dass der Beobachter den Verlauf des Experimentes mit beeinflusst. Anders ausgedrückt: dass wir nichts beobachten können, ohne es gleichzeitig zu verändern. Die vielseitigen Experimente zeigten, dass Materie als Grundbaustein unserer Welt sich unabhängig von mechanischer Einwirkung verändern kann. Damit waren die Newtonschen Gesetze nicht mehr universell anwendbar.

Das Doppelspaltexperiment

Das berühmte Doppelspaltexperiment macht diese vorgängig beschriebenen Zusammenhänge sichtbar. Ich beschreibe es etwas ausführlicher, einerseits, weil ich es spannend finde und andererseits weil es in der heutigen Zeit wichtig ist, solche Erkenntnisse mehr und mehr ins tägliche Bewusstsein zu integrieren.

Wenn wir mit solchen Thesen anfangen, die Welt durch eine neue Brille zu betrachten, so könnte das der Türöffner sein, neue Lösungen zu erkennen, die sich dem bisherigen Denken entziehen.

Wenn ich hier den Bogen schlagen darf, zum Kapitel «Spiral Dynamics» und dem Bewusstseins-Quantensprung, der uns als Menschheit bevorsteht, so ist es ein Attribut der Gelben Bewusstseinsstufe, mit Unsicherheit und Nicht-Wissen umgehen und dies aushalten zu können. Diese Wissenschaftler, die sich seit rund 100 Jahren mit solchen Thesen und Forschungen auseinandersetzen sind frühe Pioniere dieses Bewusstseins. Meines Erachtens ist es nun die Herausforderung in unserer kollektiven Entwicklung Richtung Gelb, dass wir nach Wegen suchen, diese Erkenntnisse in unser Alltagsbewusstsein zu integrieren.

Hier nun als Hirngymnastikübung die Beschreibung des Doppelspaltexperimentes: Im 17. Jahrhundert gab es bezüglich der Beschaffenheit des Lichtes zwei Theorien. Die eine von Isaac Newton, der überzeugt war, dass Licht aus winzigen Teilchen besteht. Andere Physiker seiner Zeit waren davon überzeugt, dass Licht aus Wellenbewegungen einer unsichtbaren Materie besteht, die sie Aether nannten. Für beide Theorien gab es gute Argumente. Schliesslich setzte sich die Teilchen-Theorie von Isaac Newton durch.

Anfangs des 19. Jahrhunderts führte der englische Arzt und Physiker Thomas Young ein Experiment durch, dessen Resultate mit Newtons Teilchentheorie nicht mehr erklärt werden konnten. Er schickte einen Lichtstrahl durch eine senkrecht stehende Platte. Diese hatte zwei waagrechte, schmale Schlitze. Dahinter befand sich eine lichtempfindliche Rückwand, eine Fotoplatte.

Gemäss Newtons Teilchentheorie wäre zu erwarten, dass sich in der Folge auf der Fotoplatte zwei helle Streifen zeigen, dort wo die Lichtteilchen die Platte passiert hatten. Das war leider nicht der Fall. Auf der Platte zeigte sich ein Muster aus hellen und dunklen Streifen, ein sogenanntes Interferenzmuster.

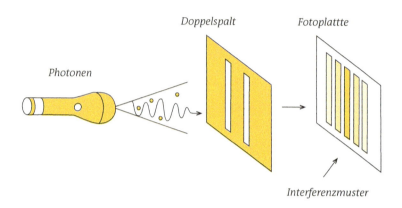

Verdeckt man während des Experimentes den einen Schlitz, so kommt es tatsächlich wie erwartet zu einem hellen Fleck hinter dem offenen Schlitz. Das bedeutet, das Licht besteht aus Teilchen, die durch den Schlitz gehen und hinten auf die Fotoplatte treffen. Sobald jedoch beide Schlitze offen sind, entsteht das Interferenzmuster. Ein Interferenzmuster kann nur entstehen, wenn das Licht aus Wellen besteht. Dann treffen sich hinter der Schlitzplatte zwei verschiedene Wellenmuster, die sich gegenseitig beeinflussen und eben zu diesem sogenannten Interferenzmuster führen. Würde das Licht als Teilchen auftreten, so würde man zwei helle Flecken auf der Fotoplatte erwarten.

Schwierig. Die damals gültige Theorie Newtons, dass Licht aus Teilchen besteht, war somit in Frage gestellt. Das Paradox (!) ist, dass Beides stimmt, Licht kann aus Teilchen bestehen, die sich manchmal wie Wellen verhalten oder aus Wellen, die sich manchmal wie Teilchen verhalten. Die Wellen stellte man sich ursprünglich als Teil des unsichtbaren Aethers vor, ein ganz feines Medium, das alles durchdrang, ähnlich wie die Luft. Man konnte es nicht messen, aber man glaubte an seine Existenz, weil man sich die Wellen anders nicht erklären konnte.

Dann kam 1915 ein weiteres Experiment dazu. Man wandelte das Doppelspaltexperiment von Young leicht ab, indem man einzelne Photonen durch die Schlitze schickte. Das machte man so langsam, dass jeweils nur ein einzelnes Photon unterwegs war und erst wenn dieses die Fotoplatte erreicht hatte, wurde das nächste losgeschickt. Die Erwartung war, dass sich diese einzelnen Photonen wie Teilchen verhalten würden. Das hätte zur Folge, dass sich auf der Fotoplatte zwei helle Streifen entwickeln. Anfangs waren auch einzelne helle Flecken zu sehen, aber als mehr und mehr Photonen die Reise durchgeführt hatten, entstand auf der Fotoplatte wieder das Interferenzmuster. Bummer.

Das ist hochgradig paradox. Das Interferenzmuster kann gemäss unserem aktuellen Verständnis nur entstehen, wenn zwei Wellen sich gegenseitig beeinflussen. Hier jedoch wurden einzelne Photonen durch die Schlitze geschickt, nur eines aufs Mal. Es konnte also hinter den Schlitzen keine gegenseitige Beeinflussung stattfinden.

Und jetzt, Achtung anschnallen. Um herauszufinden, durch welchen Spalt ein Photon ging und wann es den passierte, brachte man bei beiden Spalten Detektoren an. Als man das Experiment mit eingeschalteten Detektoren wiederholte, verschwanden die Interferenzstreifen. Das lasse man sich mal auf der Zunge zergehen. Waren die Detektoren ausgeschaltet, gingen die Photonen als Wellen durch den Schlitz, schaltete man die Detektoren ein, gingen sie als Teilchen durch den Schlitz.

Und um auch dieses Paradox noch zu steigern, fand man im Anschluss heraus, dass dies nicht nur für Lichtteilchen galt, sondern für auch für Materieteilchen wie Elektronen, Protonen oder ganze Atome. Also auch Materieteilchen konnten sich abwechselnd als Teilchen oder als Welle zeigen.

Was heisst denn das in der Schlussfolgerung? Schwer zu sagen, schwierig zu interpretieren. Anscheinend wissen die Photonen, ob sie beobachtet werden oder nicht und verhalten sich je nachdem anders. Damit müssen wir uns definitiv von einer objektiven, von uns unabhängigen Welt verabschieden.

> *Unser naturwissenschaftliches Paradigma des neutralen Erforschens einer unabhängigen Welt ist in Frage gestellt. Und anscheinend ist unser Einfluss auf das, was wir «Materie» nennen, viel grösser als uns bewusst ist.*

Diese Experimente sind lange her. Aber sie sind heute noch aktueller Teil der Forschung und beschäftigen die Wissenschaftler weiterhin. Je intensiver sie forschen und versuchen, das Verständnis zu vertiefen, desto mehr Fragen entstehen. Bis heute haben die Quantenphysiker keine einheitliche Erklärung für die paradoxe Natur der Materie und des Lichtes.

Wir sind nun alle aufgefordert, mitzudenken, uns den herausfordernden Fragen zu stellen und gemeinsam ein neues Weltbild zu definieren. Das braucht Mut, den Mut, das, was bisher selbstverständlich war, und uns Sicherheit gegeben hat, in Frage zu stellen. Und es bietet gleichzeitig eine vielleicht in dieser Form noch nie dagewesene Chance für die Menschheit.

Es setzt voraus, dass wir alle, jeder für sich, immer mehr Verantwortung für uns selbst, für unser Tun und Nicht-Tun, für die Wirkung unserer Gedanken und Gefühle und für unsere Welt übernehmen. Wenn wir nun den grossen Bogen schlagen zum Bewusstseinsstufenmodell von Clare Graves so sind das Eigenschaften, die sich vorwiegend auf der gelben Stufe entwickeln. Diese Entwicklung beginnt bereits auf der Grünen Stufe, ihre volle Entfaltung kommt jedoch erst auf Gelb zum Tragen. Wir müssen lernen, diese Paradoxien auszuhalten. Unsere Opferrolle müssen wir ein für allemal ablegen.

> *Unser Bewusstsein hat einen Einfluss auf Materie, das kollektive Bewusstsein hat einen Einfluss auf Zufallsgeneratoren und auf das Magnetfeld der Erde. Und damit auch auf das Klima und möglicherweise noch auf viel mehr, das wir noch nicht erforscht haben. In welchem Masse, können wir noch nicht abschätzen.*

Diese Arbeit liegt vor uns. Uns als Kollektiv bewusst zu werden, dass wir es auf der Ebene des Bewusstseins in der Hand haben, wie sich das Klima, das Magnetfeld des Planeten und die Gesellschaft entwickeln. Mit jedem Gedanken den wir denken, mit allem was wir tun oder unterlassen, gestalten wir die Welt, entweder zum Positiven oder zum Negativen. Wenn wir uns abwenden und nicht sehen wollen, was auf der Welt geschieht, woher die billigen Kleider kommen, die wir kaufen, woher das billige Fleisch kommt, das wir konsumieren, unter welchen Lebensumständen Kinder, Frauen, Menschen und Tiere leben müssen, um unseren Luxus zu ermöglichen, dann verpassen wir die Chance, eine neue Welt zu gestalten, in der das nicht möglich ist.

Wir wissen, dass wir Nichts wissen

Die Wissenschaften sind in der Revolution, vor allem die Wissenschaften Physik, Biologie, Genetik, Neurologie und das Verständnis von Herz, Gehirn und Bewusstsein. Mein Forscherdrang trieb mich, stets weiter zu forschen, wie unser Bewusstsein funktioniert. Ich möchte hier ein paar Erkenntnisse beschreiben, die unser aktuelles Weltbild und Verständnis von Bewusstsein in Frage stellen. Die Reise geht also noch weiter, ich hoffe, Ihr habt genügend Reiseproviant dabei. Nachfolgend ein paar Gedankenschnipsel, die mein heutiges Denken geprägt haben.

Ein wichtiges Buch zu diesem Thema war für mich «The Biology of Transcendence» von Joseph Chilton Pearce, einem Neurologen, der sein Leben dem Erforschen und Verstehen der Bedürfnisse von Kindern und der Entwicklung der menschlichen Gesellschaft gewidmet hat. In diesem Buch geht er der Frage nach, wie es möglich ist, dass wir Menschen einerseits faszinierende Werke der Schönheit hervorbringen, wie Symphonien und Kathedralen, und uns gleichzeitig gegenseitig brutal, sinnlos und massenweise niedermetzeln können. Er beschreibt die Entwicklung unseres Gehirns in der Evolution der Menschheit. Chilton Pearce untersucht, warum wir Menschen uns so paradox verhalten. Wir sagen häufig das Eine, fühlen etwas Anderes und handeln aufgrund von Impulsen, die sich nochmals von den ersten beiden unterscheiden. Er ist der Überzeugung, dass die neuen Forschungsarbeiten im Bereich der Biologie und Neurowissenschaften das Fundament legen, unsere Blockaden gegenüber der Transzendenz zu beseitigen und dass wir damit ein Wesen entwickeln können, das jenseits von Wut und Gewalt liegt.

Der Hauptschlüssel zu dem oben beschriebenen Konflikt liegt in der Tatsache, dass die neuen Wissenschaften fünf verschiedene neuronale Strukturen, sprich Gehirne, im Menschen identifiziert haben. Vier davon sind in unserem Kopf. Alle fünf bilden die gesamte Entwicklung des Lebens ab, angefangen bei den Reptilien über die Säugetiere zum Menschen. Jede neue neuronale Struktur, die wir entwickelt haben, entstand, um Defizite oder Probleme zu korrigieren, die durch frühere Errungenschaften der Natur hervorgerufen worden waren. Clare Graves und Spiral Dynamics lassen grüssen. Das fünfte Gehirn liegt nicht in unserem Kopf, sondern in unserem Herzen. Das wissen Dichter und Heilige seit Jahrhunderten und entsprechend gibt es den Wissenschaftszweig der Neurokardiologie. Innerhalb dieses Systems liegt gemäss Joseph Chilton Pearce der Schlüssel zur Transzendenz und für die Auflösung unseres immer wiederkehrenden tödlichen Hangs zur Gewalt. Es gibt übrigens in anderen Disziplinen auch das Wissen um unser Bauchgehirn, auch enterisches Nervensystem genannt. Aber das wird in dieser Betrachtung von Joseph Chilton Pearce nicht erwähnt.

Dazu sagt Joseph Chilton Pearce in seinem Buch:
«*Weder unsere Gewaltbereitschaft noch unsere Transzendenz sind moralische oder ethische Belange, die der Religion zuzurechnen wären, sie sind vielmehr eine Frage der Biologie. Uns ist nämlich die instinktive Fähigkeit mitgegeben worden, uns über Unfähigkeit, Zwänge und Begrenzungen zu erheben und infolge dieser Fähigkeit besitzen wir einen vitalen, anpassungsfähigen Geist, zu dem wir nur noch keinen vollen Zugang erlangt haben. Kann uns diese Fähigkeit zur Transzendenz führen, so kann sie uns paradoxerweise auch zur Gewalt führen, denn während unsere Sehnsucht nach Transzendenz der intuitiven Ahnung von unserem Anpassungspotential entspringt, erwächst unsere Gewaltbereitschaft unserer Unfähigkeit, dieses Potential zu entwickeln.*»

Sehr spannende Ansätze, das Lesen dieses Buches war für mich ein Quantensprung in meinem Verständnis der menschlichen Natur und unseren Herausforderungen. Er schlägt für mich eine sehr schöne und klare Brücke zwischen Neurowissenschaften und dem Wissen, das Naturvölker, Schamanen und auch gewisse spirituelle Kreise aus einer anderen Perspektive ebenfalls besitzen.

Forscht man in diesem Bereich weiter, stösst man auf weitere leicht beunruhigende Aussagen dieser neuen Wissenschaftler. In seinem zweiten Buch «Der nächste Schritt der Menschheit – die Entfaltung des menschlichen Potentials aus neurobiologischer Sicht» beschreibt Joseph Chilton Pearce auch für Nicht-Neurologen verständlich, was bei der näheren Erforschung unseres Gehirns entdeckt wurde. Zum Beispiel, dass unsere Sicht nicht einfach nur entsteht, weil unsere Augen Lichtwellen von aussen ans Gehirn weiterleiten, wie ich es als Laie eigentlich immer angenommen habe. Im Gegenteil. Die Sicht ist ein hochkomplexer Vorgang, der sich vorwiegend im Gehirn abspielt. Dabei spielt ein Sehzentrum, CGL (corpus geniculatum laterale) genannt, eine zentrale Rolle. Dort laufen u.a. die rechten und linken Sehfelder zusammen. Maturana und Varela, zwei bekannte Wissenschaftler in dieser Domäne, stellten fest, dass 80% des Informationsaustausches am CGL aus zahlreichen Gehirnteilen stammen, die an den Sehvorgängen mitbeteiligt sind. Die Datenmenge, die von der Retina kommt, beträgt etwa 20% dessen, was dann unser Bild ausmacht. Es gibt Datenströme, die vom CGL zu den Augen geschickt werden und das Auge gibt dann Feedback. Dies wirft ein weiteres Fragezeichen auf unsere Fähigkeit, eine «objektive» Realität wahrzunehmen. Wenn das so ist, so können wir nicht wissen, was aussen ist, weil die Daten von aussen nur 20% unser inneren Bildes ausmachen.

Die Psychotherapeutin Sue Gerhardt hat ein Buch geschrieben mit dem Titel «Why Love Matters – How affection shapes a babies brain». Basierend auf vielen Studien und Forschungen zeigt dieses Buch, wie Liebe, Sicherheit und Zuwendung bei Babies und Kleinkindern massgeblich die Biologie und die Entwicklung des Gehirns prägen. Das reiht sich natürlich ein in die Beschreibungen von Joseph Chilton Pearce. Insbesondere erwähnt Sue Gerhardt viele Beispiele, die klar zeigen, dass selbst ein Baby, das alles hat, was es physisch braucht, wie Nahrung, Wasser, Licht, Schlaf ohne menschliche Zuwendung und Liebe nicht überlebt. Das Buch macht auch sehr deutlich, dass der Zustand der Mutter während der Schwangerschaft und der Bezugspersonen, vor allem im ersten Lebensjahr, einen entscheidenden Einfluss auf die Hirnentwicklung haben. Wenn das erste Lebensjahr des Babies geprägt ist von Unsicherheiten, Angst und Einsamkeit, beeinträchtigt dies die Entwicklung späterer Phasen in der Gehirnentwicklung. Es kann dazu führen, dass Menschen, denen scheinbar die Fähigkeit zur Empathie fehlt, die andere Lebewesen brutal niedermetzeln können, häufig eine gestörte Hirnentwicklung aufgrund frühkindlicher Störungen hatten. Diesen Menschen fehlen effektiv die biologischen Grundlagen für Empathie, die in den «Frontal Lobes» angelegt sind, einem Hirnbereich, der sich hauptsächlich im Alter von ca 12 bis 20 Jahren ausgestaltet. Diese Ausgestaltung ist nur möglich, wenn die vorherigen Entwicklungsphasen einigermassen erfolgreich abgelaufen sind.

Joseph Chilton Pearce nennt in seinem Buch «Der nächste Schritt der Menschheit» eine zweite wichtige Ursache für Gewaltbereitschaft. Er widmet ein ganzes Kapitel dem Thema «Natürliche Geburt». Er zeigt auf, dass unsere klinische und intellektuelle Art und Weise wie heute Geburten stattfinden, sich sehr zerstörerisch auf die Entwicklung des Babies und der Familienbeziehungen auswirken. Dies wird bestätigt durch eine von der kalifornischen Regierung durchgeführte wissenschaftliche Studie, die bereits 1979 zum Schluss kommt, dass die Hauptursache des epidemischen Anstiegs der Gewalttätigkeit in Amerika, der explosive Anstieg von Selbstmord, Drogenmissbrauch, Missbrauch von Kindern und Säuglingen und sozialer Verfall im Allgemeinen bei der Geburt liege.

Das ist ein Hinweis, wo ein wichtiger Ansatzpunkt liegen sollte, um Gewalt in unserer Gesellschaft zu reduzieren. Wir brauchen soziale Massnahmen, um Mütter während Schwangerschaft und Geburt, sowie nach der Geburt zu unterstützen, damit sie sich auf liebevolle, sichere, schützende und stabile Art und Weise um das Wohlergehen ihrer Babys kümmern können.

Die Rolle unseres logischen Verstandes

In meinen Leadership und Organisationsberatungen erwähne ich gerne die Erkenntnisse aus dem Buch «The User Illusion» von Tor Norretranders, einem führenden dänischen wissenschaftlichen Autor. Darin beschreibt er eine Serie wissenschaftlicher Untersuchungen, die Folgendes aufzeigen.

Die Forscher haben mittels EEGs untersucht, wieviele Daten durch unsere Sinnesorgange ins Gehirn kommen, wie der Datenfluss aussieht und wie sie verarbeitet werden. Dabei wurde sichtbar, dass über unsere Sinnesorgane rund 11 Mio Bits/Sekunde an Daten reinkommen. Unser bewusster, logischer Verstand ist in der Lage davon maximal 20 Bits/Sekunde zu verarbeiten. Dies ist eine vernachlässigbare Teilmenge von dem was anscheinend vorhanden ist. Auf dem logischen Verständnis dieser 20 Bits basieren wir unser heutiges Weltbild und unsere sogenannten traditionellen Wissenschaften. Ein vielzitiertes Kriterium für «wissenschaftlich» das man immer wieder hört heisst «ich glaub nur was ich sehe». Nach all diesen Erkenntnissen ein fragwürdiges Kriterium.

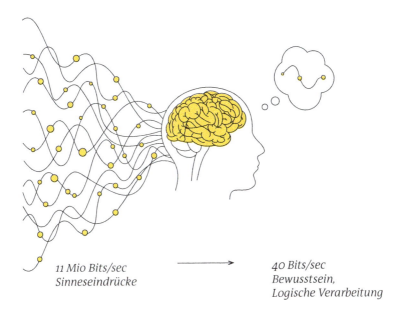

11 Mio Bits/sec
Sinneseindrücke

40 Bits/sec
Bewusstsein,
Logische Verarbeitung

Die Frage, die sich diese Wissenschaflter gestellt haben, heisst: Was geschieht mit den restlichen der 11 Mio Bits und wer entscheidet, was ins logische Bewusstsein dringt? Auf diese Fragen gibt es noch keine klaren Antworten. Sie stellen fest, dass all diese Daten an einem bestimmten Punkt durch die Amygdala fliessen, aber wo und wie entschieden wird, ist unklar. Auch stellen sie, wie Joseph Chilton Pearce, fest, dass nur ein kleiner Prozentsatz der Daten, die unseren visuellen Eindruck ausmachen, von den Augen stammen und der Rest aus anderen Bereichen des Gehirns.

Die zitierten Wissenschaftler haben keine Antworten auf diese Fragen, sie haben nur den Mut, diese Fragen zu stellen. Ihre Quintessenz heisst: «Wir wissen, dass wir Nichts wissen. Das einzige was wir mit Sicherheit wissen ist, dass die Welt da draussen nicht so aussieht, wie wir meinen.»

Für meine Beratungen finde ich das hilfreich. Will sich eine Organisation weiterentwickeln, so ist ein Schlüsselfaktor, dass sich die Menschen in der Organisation – und vor allem in der Führungsetage – für neue Perspektiven öffnen. Jeder Organisationsentwicklungs-Berater kennt Aussagen wie «das haben wir schon immer so gemacht» oder «das kann nicht sein, das ist esoterisch». Mit den Forschungen und Resultaten über diese 11 Mio Bits kann ich wissenschaftlich aufzeigen, dass unsere Wahrnehmung und das, was wir in Excel Sheets speichern können, nur ein marginaler Anteil der Information ist, die uns eigentlich zur Verfügung stehen würde.

Wir müssen Wege und Methoden entwickeln, wie wir auf diese 11 Mio Bits an Information zugreifen können. Hier liegt möglicherweise ein Schatz verborgen und eventuell das Werkzeug zur Lösung unserer globalen Probleme.

Ich bin der festen Überzeugung, dass wir diese Daten erschliessen können, indem wir unsere intuitiven Fähigkeiten stärken und ausbauen, unsere rechte Hirnhälfte mehr beanspruchen und ernstnehmen. Wir können Methoden wie Energiearbeit, Aufstellungsarbeit,

Imagination und ähnliches weiterentwickeln und vermehrt einsetzen. Ein Beispiel wie man diese Erkenntnis beim Lösen von Netzwerkproblemen einsetzen kann, habe ich im Kapitel «Was hat Heilen mit Netzwerk zu tun» beschrieben. Auch im Bereich Team- oder Organisationsentwicklung kann es sehr hilfreich und unterstützend sein, das «Feld» vorgängig bewusst zu gestalten und eine klare Absicht zu formulieren. Dies kann ich als Coach im Hintergrund tun, oder mit dem Team besprechen, ihren Konsens abzuholen und sie damit einladen, das Feld aktiv mitzugestalten. Genauso habe ich wie im Kapitel «Energiearbeit oder die Kraft des Gebets» beschrieben meine Kurse immer energetisch gestaltet und begleitet. Das hat in vielen Fällen sehr positive Wirkungen und sind alles Aktivitäten, die mit der intuitiven, rechten Hirnhälfte zu tun haben. Damit zapfen wir meines Erachtens einen Teil der 11 Mio Bits an. Der Verstand hat häufig etwas Mühe damit, weil es logisch nicht erklärbar ist.

Wenn ich mit Organisationen arbeite und diese wissenschaftlichen Erkenntnisse erläutere, erhöht sich in der Regel die Bereitschaft, «ungewöhnliche» Vorgehensweisen zuzulassen oder mindestens damit zu experimentieren. Alle begeisterten Leser des Buches «Reinventing Organizations» von Frederic Laloux kennen dies. Er spricht davon, dass Organisationen ein eigenes intelligentes Wesen sind, mit einem eigenen «Purpose» (Sinn, Zweck) und erachtet es als Aufgabe der Leader und Mitarbeiter, sich in den Dienst dieses Wesens zu stellen. Was er dabei an Möglichkeiten anspricht sind systemische und intuitive Methoden.

Abschliessend möchte ich noch ein Buch von Michael Talbot erwähnen, mit dem Titel «The Holographic Universe». Es enthält viele Beiträge von namhaften Wissenschaftlern wie David Bohm, Karl Pribram, Stanislav Grof und vielen anderen mehr. Das Buch beschreibt aus ihrer wissenschaftlichen Perspektive die Grenzen der heutigen Physik, paranormale Fähigkeiten des Geistes und die ungelösten Rätsel von Hirn und Körper. Die Autoren zeichnen darin ein Bild, wie sie sich das Universum vorstellen könnten, wie wir bisher unerklärliche Phänomene einordnen könnten, wie z.B. Telepathie, paranormale Fähigkeiten, «out-of-body» Erfahrungen, UFOs, Materialisieren von physischen Gegenständen wie Sai Baba es tut,

Synchronizität, nicht-lineare Zeiterfahrungen und wundersame Spontanheilungen. Sie kommen zu einem stimmigen Bild. Sie können nicht beweisen, dass es so ist, aber mit diesem Bild lassen sich viele Phänomene erklären, die mit unserer herkömmlichen Wissenschaft nicht erklärbar sind.

Der Tod – das letzte Geheimnis lüften

In Anbetracht der laufenden öffentlichen Diskussion rund um die Pandemie zum Zeitpunkt, während ich dies schreibe, fällt mir auf, dass wir als Gesellschaft das Thema Tod völlig aus unserer Diskussion ausschliessen. Der Tod ist offensichtlich etwas, das es um jeden Preis zu verhindern gilt. Selbst wenn es uns das Leben kostet...

Lange waren es die Religionen, die sich mit dem Thema Leben nach dem Tod befassten. Auch alte schamanische Traditionen hatten schon immer einen Zugang zu anderen Welten. Heute findet ein Neudenken statt, nicht zuletzt auch dank der Erkenntnisse in der Quantenmechanik. Somit erhält die Diskussion über den Tod und was danach ist, sogar plötzlich eine wissenschaftliche Komponente. Es gibt immer mehr Wissenschafter, die sich diesem neuen Terrain widmen. Konservative Wissenschaftler, die sich überfordert fühlen, ihr vertrautes Weltbild zu hinterfragen, nennen diese neuen Forscher «esoterisch». Wenn ein Wissenschafter sagt, «das ist nicht wissenschaftlich, das ist esoterisch», übersetze ich das häufig für mich mit «ich möchte mich nicht damit befassen, es verunsichert mich zu stark».

Als Abschluss möchte ich gern ein eindrückliches Beispiel erwähnen, von einem ursprünglich konservativen, materialistischen Wissenschaftler und Neurochirurgen, der als Folge eines Nahtoderlebnisses sein Weltverständnis auf den Kopf stellen musste. Dr. Eben Alexander.

Dr. Eben Alexander ist in der wissenschaftlichen Kultur des 20. Jahrhunderts aufgewachsen, reduktionistischer Materialismus genannt. Ein Kind der 50er und 60er Jahre, wo man glaubte, dass die Wissenschaft der Weg zur Wahrheit ist. Die Wissenschaft die er vertrat, ist der Überzeugung, dass man die Welt versteht und manipulieren kann, indem man sie bis auf die kleinsten Partikel zerlegt und dann herausfindet, wie sie funktionieren. Diese Wissenschaft glaubt, dass Bewusstsein eine Illusion ist und lediglich das Produkt von subatomaren Partikeln und chemischen Reaktionen, die natürlichen Regeln folgen.

Er sagt über die heutige Wissenschaft:
«Wir glauben, dass es eine äussere, materielle Welt gibt. Die materiellen Wissenschaften versuchen uns zu erzählen, dass diese wirklich existiert. Aber diese Frage gehört zu den tiefen Rätseln der Quantenmechanik. Unsere Wissenschaft ringt seit 100 Jahren im Versuch zu verstehen, was sie sehen. Die Resultate aller Experimente schreien nach unserer Aufmerksamkeit. Meine Erfahrungen im Koma und meine anschliessende Analyse zeigen für mich auf, dass das menschliche Gehirn und der Verstand niemals in der Lage sein werden, die Funktionsweise des Schöpfers und des Universums zu verstehen.
Als bewusste Wesen haben wir Zugang zu weitaus grösserem Wissen, als ich es mir je hätte vorstellen können. Und das liegt daran, dass wir Zugang zum unendlichen, zugrunde liegenden universellen Bewusstsein haben. Wege diesen Zugang zu öffnen sind unter anderem tiefes Gebet und Meditation.»

Am 10. November 2008 erkrankte er plötzlich schwer an einer akuten bakteriellen Meningoenzephalitis. Innerhalb von vier Stunden fiel er für sieben Tage in ein tiefes Koma. Eine bakterielle Meningitis mit einer so raschen Verschlechterung der neurologischen Funktionen bedeutete eine 90-prozentige Sterblichkeitsrate. Dies war das Resultat der Untersuchung in der Notaufnahme. Seine Überlebensaussichten verschlechterten sich rapide. Die CT Scans und Blutwerte liessen wenig Hoffnung auf Genesung. Im Gegenteil, die Überlebenschance bei einem solchen Zustand war praktisch bei Null und selbst wenn er überleben würde, wäre das Hirn nicht mehr in der Lage, sich zu regenerieren.

Zur Überraschung aller und bis heute für die Ärzte nicht nachvollziehbar, öffnete Dr. Eben Alexander nach 7 Tagen die Augen. Was war geschehen? Sein 10-jähriger Sohn war der Auslöser.

Während die Ärzte der versammelten Familie erklärten, dass es nur noch eine 2% Chance zu überleben gäbe, dass Alexander Eben voraussichtlich nach einer bestimmten Zeit im Koma sterben würde, und dass sie darum nahelegen würden, die unterstützenden Massnahmen einzustellen, rannte sein Sohn zum Zimmer seines Vaters auf der Intensivstation, riss ihm die Augenlieder auf und flehte ihn an: «Daddy you are going to be ok, Daddy you are going to be ok.» Alexander Eben konnte das weder akustisch hören, noch hat er seinen Sohn gesehen, aber der leidenschaftliche Ruf hat ihn erreicht. Er spürte die Liebesbeziehung und seine Verantwortung dafür und kämpfte sich aus Liebe für diese Seele zurück ins Leben. Trotz der Tatsache, dass sein Hirn eigentlich zerstört war, erholte er sich unglaublich schnell. Innert Stunden konnte er wieder sprechen, nach einer Woche kehrten Kindheitserinnerungen zurück, und nach acht Wochen, kehrten die Erinnerungen ans Erwachsenenleben und seine Tätigkeit als Neurochirurge zurück. Schon nach wenigen Monaten konnte er wieder ein normales Leben führen.

Für einen Neurochirurgen mit atheistischem und materiellem Weltverständnis eine ziemliche Herausforderung, sich dieser Erfahrung zu stellen. Seine Schlussfolgerungen daraus waren:
«Mein Koma hat mich viele Dinge gelehrt. In erster Linie enthüllen Nahtoderfahrungen und ähnliche mystische Bewusstseinszustände entscheidende Wahrheiten über die Natur der Existenz. Sie einfach als Halluzinationen abzutun, ist für viele in der konventionellen wissenschaftlichen Gemeinschaft bequem, führt sie aber nur weiter weg von der tieferen Wahrheit, die uns diese Erfahrungen offenbaren. Das herkömmliche reduktive materialistische (physikalische) Modell, das von vielen in der wissenschaftlichen Gemeinschaft vertreten wird, einschliesslich der Annahme, dass das physische Gehirn das Bewusstsein erschafft und dass unsere menschliche Existenz von der Geburt bis zum Tod reicht und nichts weiter, ist grundlegend fehlerhaft. In seinem Kern ignoriert dieses physikalische Modell absichtlich, was meiner Meinung nach die Grundlage aller Existenz ist – das Bewusstsein selbst.

Nahtoderfahrungen wie die meine sind die Spitze eines Speeres in einer rasch fortschreitenden Aufklärung der wissenschaftlichen Gemeinschaft über die Beziehung zwischen Geist und Gehirn und unser Verständnis der Natur der Realität selbst. Die Welt wird nie mehr dieselbe sein.»

Im Appendix gibt es zwei Links auf Videos, in denen Dr. Eben Alexander die Geschichte ausführlich erzählt und einen Link auf seine Website. Er hat seither einige Bücher geschrieben und ist in der weiteren Erforschung und Lehre dieser fundamental neuen Erkenntnisse aktiv.

Closing

Ich könnte endlos weiterfahren mit Beispielen und spannenden Forschungsresultaten. Ich glaube es ist ausreichend, um aufzuzeigen wie wichtig es ist, dass wir auf ganz hoher Ebene neue Fragen stellen und offen sind, für neue Sichtweisen. Dazu möchte ich alle Leser einladen. Wenn es mir gelungen ist, mit diesen paar Schnipseln Neugier auf mehr zu wecken, dann hat sich das Schreiben des Buches gelohnt. Es gibt genügend Literatur, sodass jeder das selbst weiter verfolgen kann.

Mit dem Niederschreiben dieses Buches habe ich für mich einen grossen Zyklus abgeschlossen. Den Auftrag, den ich mir gegeben habe, als meine Mutter Abschied nahm: die Erforschung von Bewusstsein und der Schnittstelle zwischen Seele, Bewusstsein und unserem Körper respektive der Materie allgemein. Ich weiss, dass ich nichts weiss. Ich weiss auch, dass es niemanden gibt hier auf der Erde, der es weiss. Also niemand, den ich fragen kann. Ich kann Meinungen, Sichtweisen und neue Perspektiven kennenlernen und erforschen. Und ich kann mit allen, die von der gleichen Neugier getrieben sind wie ich, auf eine gemeinsame Entdeckungsreise gehen.

Die Erkenntnisse der neuen Wissenschaften weisen alle drauf hin, dass Bewusstsein Materie erschafft. Dass Absicht und innere Haltung Materie und «Realitäten» erschaffen. Und wir wissen, dass es kein Schwarz-Weiss, kein Richtig-Falsch gibt. Es gibt «Sowohl-Als-Auch». Und es gibt parallele Realitäten. Licht kann ein Teilchen sein oder eine Welle. Wie wir es betrachten, hat einen Einfluss darauf, wie es sich zeigt.

Meinem Naturell gemäss steh ich mit einem Fuss bereits in meinem neuen grossen Zyklus. Diesen beschreibe ich dann vielleicht in einem nächsten Buch. Meine Experimente in Zukunft widmen sich dem Versuch mit diesen Erkenntnissen praktisch zu arbeiten, herauszufinden, was alles möglich wird, wenn wir versuchen die noch unentdeckten Räume der neuen Physik umzusetzen und sie so kühn wie möglich zu erschaffen und gestalten. In dieser neuen Physik spielt das Bewusstsein eine wichtige Rolle. In dieser Integration sehe ich unseren Sprung auf Gelb/Teal.

Seit der Definition der Quantenmechanik haben wir uns der Erforschung dieser bewusstseinssprengenden Erkenntnisse gewidmet. Das war die Blau/Orange Phase. Jetzt springen wir auf Gelb/Teal und lernen, wie wir das Erkannte umsetzen können. Möglicherweise hängt unser Überleben als Menschheit, der Planet und sein Ökosystem davon ab, dass wir das tun.

Ich wünsch Euch allen viel Freude auf Eurer Reise. Wenn Ihr mir berichten wollt, was Ihr in Euren Experimenten herausgefunden habt, freue ich mich auf Rückmeldungen.

Silvia Hagen
Val Lumnezia, im Frühling 2022

Appendix

In diesem Verzeichnis liste ich die Bücher und Quellen auf, die ich erwähnt habe. Zusätzlich gibt es hier Links auf weiterführende Informationen, für die Leser, die sich weiter mit solchen Themen beschäftigen möchten.

Bücher

- Baird Spalding, «Leben und Lehren der Meister im fernen Osten»
- Fritjof Capra, «Wendezeit»
- Bruce Lipton, «The Biology of Belief» (deutsch: «Intelligente Zellen»)
- Natalie Knapp, «anders denken lernen – von Platon über Einstein zur Quantenphysik» (brilliant)
- Joseph Chilton Pearce, «The Biology of Transcendence», «Der nächste Schritt der Menschheit»
- Tor Norretranders «The User Illusion»
- Sue Gerhardt «Why Love Matters – how affection shapes a babies brain»
- Michael Talbot «The Holographic Universe»
- Lynn McTaggart, «The Intention Experiment: Using Your Thoughts to Change Your Life and the World»
- Roger Nelson «Connected», «Der Welt-Geist – wie wir alle miteinander verbunden sind», «Die Welt-Kraft in Dir – der Einfluss unserer Gedanken auf Materie, Ereignisse und Gesundheit»

Websites

- Ken Wilber – www.kenwilber.com
- Stanislav Grof – www.stangrof.com
- Joseph Chilton Pearce – josephchiltonpearce.org
- Bruce Lipton – www.brucelipton.com
- Global Consciousness Project Princeton University – global-mind.org
- Chronologische Liste aller Reports von Ereignissen von GCP seit 1998 – global-mind.org/results.html
- Dr. Eben Alexander – ebenalexander.com
- Baird Spalding – www.bairdtspalding.org
- Website Dr. Thomas Walser – www.dr-walser.ch

Weiterführende Informationen und Quellen

Todeserfahrung
Dr. Eben Alexander
English Presentation:
https://www.youtube.com/watch?v=qbkgj5J91hE
Vortrag mit deutscher Synchronisierung:
https://www.youtube.com/watch?v=2u-cVJDngVM

DNA:
Breakthrough study overturns theory of ‹junk DNA› in genome
The international Encode project has found that about a fifth of the human genome regulates the 2 % that makes proteins
https://www.theguardian.com/science/2012/sep/05/genes-genome-junk-dna-encode

The Myth of Junk DNA by Jonathan Wells,
https://www.discovery.org/b/the-myth-of-junk-dna/

Scientific American
https://www.scientificamerican.com/article/hidden-treasures-in-junk-dna/

Science Daily:
https://www.sciencedaily.com/releases/2018/04/180411131659.htm

Global Coherence: Research, Heartmath Institute
https://www.heartmath.org/research/global-coherence/

IONS – Institute of Noetic Sciences
https://noetic.org/

Coherence, Bridging Personal, Social and Global Health
https://www.heartmath.org/research/research-library/basic/coherence-bridging-personal-social-and-global-health/

Weiterführende Links auf Publikationen von Silvia Hagen

Diverse Blogs zu folgenden Themen:

Auf https://www.sunny.ch/blog-de

- «Veränderung kann man nicht denken»
- «Brücken bauen zwischen polarisierten Standpunkten»
- «Hinter jeder Angst liegt reine Schöpferkraft»
- «Spiraling across cultures – unser Taipeh Journey»
- «Wachsen an der Angst – der Ausstieg aus der Ohnmachtsspirale»
- «Business Agility – wie kann man erfolgreich sein, wenn man auf Sinnhaftigkeit fokussiert»
- «Hilfreicher Reiseführer für ihren agilen Transformationsprozess»

Bücher von Silvia Hagen

IPv6 – Grundlagen, Funktionalität, Integration

Autorin Silvia Hagen
3. Auflage, Mai 2016
published by Sunny Edition

Print ISBN 978-3-9522942-3-9
eBook ISBN 978-3-9522942-8-4
Deutsch

Das aktuelle Buch der Netzwerkspezialistin Silvia Hagen richtet sich an Netzwerkverantwortliche, IT-Manager und Systembetreuer, die das Wesentliche über das neue Internet-Protokoll erfahren wollen. Silvia Hagen erklärt wie das Protokoll funktioniert, zeigt die neusten Entwicklungen auf und beschreibt wie IPv6 parallel zur heutigen Version IPv4 eingeführt werden kann. Interessierte erfahren, warum sie IPv6 in ihre Planung einbeziehen sollten und welche Voraussetzungen eine sanfte Einführung ermöglichen. Aktuelle Themen wie Stateless Address Autoconfiguration (SLAAC), DHCPv6, Routing und Sicherheit werden ausführlich besprochen.

IPv6 Essentials

Author Silvia Hagen
3rd edition, June 2014
published by O'Reilly & Associates

Print book ISBN 978-1-4493-1921-2
eBook ISBN 978-1-44933524-3
English

This book describes IPv6 with all the new features and extensions. It is targeted at a broad range of professionals, who want to understand the base technology of IPv6 well. Whether you are an IT manager, an architect, a network, system or security engineer, or an application developer, in this book you find the essentials about IPv6, that help you to deepen your understanding. With this understanding you can to position IPv6 in your strategy, design a future architecture, plan for a meaningful roadmap for integration and manage the implementation. Topics like the new IPv6 header, DHCPv6, SLAAC (autoconfiguration) and Neighbor Discovery, IPv6 Routing, Security and Integration are discussed.

Über die Autorin

Silvia Hagen hat einen vielseitigen beruflichen Hintergrund. Sie tanzt auf verschiedensten Bühnen. Von der Musik- und Filmindustrie, über zukunftsweisende Projekte der öffentlichen Hand, IT-Projektleitungen in internationalen Grossorganisationen, bis hin zur Organisation von Permakulturanlässen und Koordination von Home Schooling Initiativen.

Heute arbeitet sie vorwiegend in der integralen Organisations- und Persönlichkeitsentwicklung. Sie bietet Schulungen, Beratungen und Coachings an und engagiert sich an Konferenzen im agilen und systemischen Themenbereich.

Mit all ihren Erfahrungen hat sich im Laufe der Zeit eine klare und integrale Sichtweise auf die Welt, das Kollektiv und auf Organisationen herauskristallisiert. Sie sieht sich als Brückenbauerin, taucht in vielseitige und komplexe Welten ein, forscht seit Jahrzehnten im Bereich von Psychologie, Philosophie, Religionen und spirituellen Schulen, Neurologie, Biologie, Epigenetik und Quantenphysik. Sie versucht unterschiedliche Standpunkte zu ergründen und dann Brücken zu bauen, um zu einem integrierten, ganzheitlichen Standpunkt zu finden.

www.sunny.ch